光尘

LUXOPUS

把话说进孩子心里

高质量亲子沟通

金韵蓉
著

中信出版集团 | 北京

图书在版编目（CIP）数据

把话说进孩子心里：高质量亲子沟通 / 金韵蓉著
. -- 北京：中信出版社，2021.12（2022.3 重印）
ISBN 978-7-5217-3599-4

Ⅰ. ①把… Ⅱ. ①金… Ⅲ. ①青少年教育－家庭教育
Ⅳ. ① G782

中国版本图书馆 CIP 数据核字（2021）第 187329 号

把话说进孩子心里——高质量亲子沟通
著者：　金韵蓉
出版发行：中信出版集团股份有限公司
（北京市朝阳区惠新东街甲 4 号富盛大厦 2 座　邮编　100029）
承印者：　三河市中晟雅豪印务有限公司

开本：880mm × 1230mm　1/32　　印张：6.75　　字数：108 千字
版次：2021 年 12 月第 1 版　　印次：2022 年 3 月第 5 次印刷
书号：ISBN 978–7–5217–3599–4
定价：59.00 元

服务热线：400–600–8099
投稿邮箱：author@citicpub.com

目录

第四章　语言也有情绪

第五章　与孩子对等的沟通

第六章　解决问题的互动沟通方式

第七章　寓教于乐——孩子的心灵教育

结语　享受和孩子相处的时光

序言

榜样的力量

我出生在台湾岛南部地区一个叫作旗津的小离岛上，曾经，它只是一个名不见经传的小渔村，和高雄市市区隔着一个停满货轮和渔船的高雄港，与市区连接的唯一交通工具是总充斥着鱼腥味的通勤渡轮。现在的旗津已经是个观光胜地，以美丽的白沙滩海岸线和新鲜的海鲜料理而闻名。

我的父亲跟着海军造船厂从大连抵达旗津，在淳朴的小渔村里遇见了同是海军子弟、从南京造船厂辗转来台的母亲。两个祖籍都是山东的年轻人结婚后住在造船厂的校官宿舍里，6 年内生了 4 个孩子，我是老四，和大姐相差 6 岁。

记忆中父亲和母亲没红过脸，没吵过架，就算是有，我相信也都是背着我们几个孩子，所以我从来没有体会过目睹父母吵架带来的恐惧和不安。

父亲出生在贫困的山东省农村，出生后不久就成了孤儿。

父亲9岁那年，他唯一的亲人——爷爷也去世了。父亲花了两年，白天打零工，夜里饥寒交迫地睡在陌生人家的屋檐下，就这么边打工边赶路，走走停停一路从山东平度徒步走到了烟台，再从烟台搭船到大连投奔他闯关东的亲大哥。到了大连进入海军造船厂成为小学徒后，11岁的父亲才终于安顿下来，但他仍与学校无缘，从来没有坐在教室里上过一天学。

母亲的童年是富裕和幸福的。她常告诉我们，念小学时，她每天早上都得赖在床上吃一碗热豆腐脑后才愿意下床洗漱，然后再坐上马车上学，马蹄在青岛青石板路上发出“嗒嗒”的响声。出于我外公工作的原因，母亲随他辗转迁移于青岛、上海、重庆、南京，虽经战乱，生活却也安全舒适。

出身如此迥异的父亲和母亲的故事仿若浪漫的爱情小说，其实却简单平淡。学徒出身的父亲凭着自己的聪明本事和勤恳耐劳一路被长官拔擢，在被长官介绍给母亲时，已经升为造船厂的总领班。而身为厂长女儿的大小姐，母亲和比她大9岁的父亲的甜蜜“恋爱”，往往不过是两人拎着一个柚子、骑着自行车到旗津的三角公园散步。

我之所以在这里如此详细地描述父母的故事，是想告诉大家父母的言传身教对孩子的影响有多大。我的记忆中不仅没有父母彼此之间的嘶喊和争吵，也没有父母对我们的怒吼和打骂。在我记忆中，有一件事足以说明从来没有进教室念过一天书的父亲的教育风格。

5 岁那年冬天一个周末的早晨，我刚睡醒就发现家里出了“大事”。那天早上，父亲在穿衣服时发现挂在墙上的长裤口袋里的一个 2 元铜板不见了。那个年代买一支糖厂做的红糖冰棒只需要 1 角，所以 2 元铜板对完全没有零用钱的孩子来说，绝对不是一个小数目。

父母很生气，把我们 4 个孩子都叫到了客厅，逐个询问是否偷拿了钱。我们都未承认，于是父亲就处罚我们跪在客厅的木地板上好好地反省，直到有人承认，大家才能站起来。

直到今天我还在思索，为什么没有学过儿童心理学的父母会懂得如何处理手足之间的竞争和矛盾。他们没有让我成为吃瓜群众在一旁幸灾乐祸地看着哥哥姐姐们罚跪（因此免于让他们在小妹妹面前感到备受羞辱，失去尊严），也没有先入为主地让我们觉得他们早就认定了谁有可能偷钱（因此免于让某个孩子被贴上再也揭不下来的“坏孩子”标签）。他们没有打骂，只是让我们一字排开跪在地上，安静地思考要不要“投案自首”。

这桩公案最后以喜剧收场，也因此让我到今天印象都还如此深刻。我不知道和哥哥姐姐们在客厅里跪了多久，父亲和母亲就笑眯眯地出现了。原来母亲扫地时在地板缝里发现了那个 2 元铜板，它是父亲早上拿衣服时从口袋里掉出来的，而且掉下来的时候正好卡在一个比较深的地板缝里，父亲一时没有听见，也没有看见。

回到客厅的父亲让我们都站起来，大家坐定后，父亲告诉我们他找到了那个 2 元铜板，而且那是因为他自己不小心而犯的错。父亲不仅为冤枉了我们而跟我们道歉，还为了弥补这桩冤案，决定全家去看电影，看完电影之后我们还去吃了电影院对面巷子里的大排骨面。

我记得那天我们几个孩子都高兴得不得了，我不知道当时已经读小学的哥哥姐姐们从这件事里得到了什么样的启发，我只知道我自己感觉非常快乐、非常安全，至今记忆犹新。

对提供给我幸福、温暖童年的父母，我一直满怀爱意，心存感恩，除此之外，他们还赢得了我的尊敬。对从来没有接受过正式学校教育的父亲和因战乱迁移而无法连续上学的母亲来说，他们不可能懂得什么叫作亲子教育，也不可能懂得儿童心理学，他们所做的，不过就是因为爱、因为用心、因为珍惜所拥有的孩子和家庭，而表达出最淳朴良善的心念，这为他们的子女做出了受用一生的典范。

所以，当我开始书写关于亲子沟通的这本书时，我也想回到最淳朴良善的原点，那就是所有高明的沟通技巧，都远不及发自内心的力量，所有为孩子选择的情商提高课程，也都远不及来自父母的示范和榜样的力量。

第一章

孩子是迷你版的我们

现在有很多年轻的父母喜欢把孩子的日常生活拍成短视频发到网上，说真心话，很多时候，我在看到这些小孩的“表现”之后，有些忧心。他们的软萌奶音虽然可爱，但说话的内容让人担心。

我看见很多才两三岁的孩子，叉着腰，咄咄逼人，老气横秋地数落或训斥长辈，在一旁拿着手机录像的大人不仅得意地加上注释——“女儿完胜学霸父亲”“孙子成功打败奶奶”，还发出骄傲和嘉许的大笑声。我看了这些视频之后不禁想到，这些认知和逻辑思维能力还没有完全发展成熟的小孩，将来该怎么办呢？

现在这些小孩只是像小鹦鹉一样，有样学样地模仿大人说话，但糟糕的是，这些原本只是纯模仿式的“表演”，在经过大人的嘉许和强化之后，不管是得理不饶人的说话内容还是盛气凌人的情绪表达方式，都会在他们长大以后固化成为他们的沟通模式，成为影响他们人际关系的硬伤。到了那时，作为父母的我们又该怎么去弥补这个错误呢？

父母是孩子会话启蒙的范本

作为一名儿童心理和行为治疗师，我在诊室里总会遇到因为孩子在学校里有不良行为，甚至是攻击性行为，而前来求助的父母。每次在为这些孩子做心理辅导时，我总是会默默地观察孩子父母的沟通方式。不出我所料，很多在孩子身上出现的负面行为，恰恰就是大人之间火爆式沟通的翻版。

在启蒙关键期，父母是孩子学习社会化的唯一范本

从一个孩子的社会心理发展进程来看，1 岁半左右是语言的启蒙关键期，从这个阶段开始，孩子逐渐意识到“我”和“外界”之间的关系，他的安全感和舒适圈从纯粹地源于养育者的保护，逐渐地扩大到源于自己和周围世界的互动结果。从父母下班回家后问的第一句话“宝宝今天乖不乖呀”开始，“取悦”大人，成为他们构建安全舒适圈的主要途径，而任何能让大人开心、赞美的事，都会在孩子小小的心灵里铭刻，他们会努力地重复去做。

另外，对这些还毫无独立生存能力的孩子而言，对养育者的生理和情绪依赖，也会让他们产生强烈崇拜进而模仿的心理动因。如果你在幼儿园的教室门外偷听孩子们之间可爱又毫无边际的对话，你就会明白我的意思。

一个孩子骄傲地说：“我爸好厉害，他可以一只手拎一个好大的西瓜！”

另一个孩子不甘示弱地说：“我爸更厉害，他可以用一只手就把电视机举起来！”

一旁听了再也坐不住的孩子说：“谁都没有我爸厉害，我爸可以一只手就把公交车抬起来！”

……

这些对事实毫无概念又吹牛不打草稿的小孩，对父母充满了崇拜，而这种崇拜心理的背后，既有纯粹的爱、生存的依赖、被疼爱和被保护的骄傲，也有害怕被嫌恶、被抛弃的恐惧。所以这种糅合了各种心理情绪的崇拜，不仅非常强烈，也同时具有非常强大的影响力，甚至是杀伤力。

还必须留意的是，在幼儿期里孩子刚开始向家庭以外的世界伸出探索的小脑袋，尤其崇拜肌肉壮实、坚强有力、能提供保护和安全感的爸爸。在这个阶段，爸爸的一言一行，对孩子心智成长的影响尤为明显。所以儿童发展心理学家一致认为，父亲和母亲各自的角色是：妈妈是温暖呵护的臂膀，爸爸则是树立典范、确立价值观的权威者。

除了崇拜和模仿的心理动因，父母也是孩子在至关重要的启蒙时期学习社会化的唯一范本。

俗话说，“龙生龙，凤生凤，老鼠的儿子会打洞”。我们认定，头脑灵活、会做生意人家的孩子也一定会有生意头脑，老实巴交的父母多半也会教导出安安分分的孩子，这是耳濡目染的结果。餐桌上的情绪氛围、父母之间的日常对话、父母和朋友之间的相处模式，都会在无声无形中内化成孩子的个性发展模式，同时也灌输给孩子生命观、价值观、生活态度，以及处理人际关系的方法。

这些基材，建构了一个孩子心智和思维的骨架，也在一定程度上决定了他日后所盖出的房子的样貌。是地基稳固、建材规整的高档建筑，还是一遇到风雨就会出现渗水、漏雨、地基塌陷的豆腐渣工程？这在很大程度上取决于他在关键的启蒙阶段所接收到的一切信息。

有位极其苦恼的妈妈，为了小学四年级女儿的问题来找我。她表示，刚满 10 岁的女儿对金钱的态度让她非常担心。虽然大部分孩子都会对钱有些概念，偶尔会问妈妈“我的压岁钱都到哪儿去了”，但是她的女儿对钱的态度已近乎斤斤计较。

春节后，女孩不仅执拗地让她妈妈陪着她去银行开户办卡，隔三岔五还会追问妈妈那张银行卡里的钱是不是都还在。

原本这位妈妈以为孩子不过是在兴头上，过段时间这种想法就会淡了。可是没想到，女孩对钱的介意程度不但没有削减，反而变本加厉，更加计较。她会拿个小本子记下来某某同学过生日时给了大家什么礼物、价值多少，再据此计划自己送礼时的礼物价格。真正让这位妈妈开始担心的是，有一次她女儿从学校回来一脸不屑地说："××同学太恶心了！上次我送给她一支12元的圆珠笔，今天她就只给了我2颗牛奶糖，这种人我不想再跟她做朋友了！"

我问这位妈妈，家里的大人是否总是会在孩子面前讨论钱的事，这位妈妈有点儿惭愧地说："是的，前年我们买了一套期房，我的工资正好还每个月的贷款，孩子爸爸的工资则负责家用。为了收房时能有一些存款用来装修和置办家具，我这两年都没买过新衣服，也总是叮咛先生在和同事、朋友往来时，出手别像以往那么大方。我先生以前早上喜欢在公司附近的咖啡店买杯现磨的咖啡，这个习惯也硬是被我禁止了。我想女儿今天对钱的计较态度都是我的错，是我吓到孩子了。因为我总是教训她爸爸说，他这么浪费，等还不上银行贷款，房子被银行没收，我们全家就只好跟着他喝西北风了。"

作为会话范本，我们需要传递的信号

给孩子营造一个很安全、很有爱、能放心去信任的家庭氛围，是为人父母首要的责任。

孩子只有在很安全、觉得自己是被爱的环境里，才能建构正确的自我认知，不必担忧那些他们不需要去担忧的事，进而把注意力集中在自己的探索、成长和学习上。

那么有哪些沟通的大原则或者技巧，是需要父母作为会话范本来掌握的呢？

首先，我们要了解，孩子毕竟不是我们的同辈。我们对情绪的管控、对现实的理解，孩子是不明白的。他们没有像成年人一样成熟的情绪控制能力，在现实和想象之间也还没有划出清楚的分界线。很多时候我们脱口而出的一些话，对孩子来说就是真的，尽管对我们来说，那些不过就是当下的气话，或者是被夸大的情绪性表达。所以，我们必须先了解这一点，才能够掌握以下原则。

第一，沟通前先管理好自己的情绪。以身作则，让孩子知道沟通其实并没有那么困难，有情绪也没有关系，谁都会觉得不开心，谁都会有失望或者难过的时候，谁都会发出一些疑问——“哎，我怎么被误解了？”“我想说的话，你怎么没有听见？”当沟通中出现这些情绪的时候，没有关系，重要的是，我们要学会把自己的情绪好好地表达出来，好好地让对方知道，让对方听见。

对于除了哭闹还不懂得用其他方式来表达情绪的幼儿，我们要示范并且帮助他们用“词汇”来表述自己的情绪。这个示范可以通过父母之间说话时的语言内容来传递，也可以通过亲子共读故事书或绘本让孩子学习。例如：以往，妈妈总是冲着爸爸大吼“你就是不在乎这个家”；现在，妈妈可以练习着说“你周末不能陪我们，我很‘难过’，因为我很想让你跟我们一起去动物园，我们都喜欢跟你在一起”。我知道这句话听起来文绉绉的，你一定会说：“我一冒火就什么也顾不上了，哪还会这么温柔婉转地说话。”是的，这就是问题的关键。就是因为我们只想着把自己的情绪发泄出来，不愿意花精力去刻意地组织语言，我们才会管不住自己的情绪，陷入沟通的恶性循环。

我每次在课堂上谈到这个主题，都会问在座的父母一个问题：当掌握你薪水或工作的老板惹你生气时，你敢冲着他大吼吗？大部分人都会迟疑地摇头。是的，除非你不在乎这份薪水、这份工作，要不然你一定会在即将发火的当下管住自己的嘴，把想说的话、想倒出来的情绪给收回去。所以，不要觉得自己无法管理自己的情绪，能不能管理其实只取决于你有没有意愿、觉得有没有努力去做的必要罢了。

有位年轻娇美的妈妈不甘心地问我：“我们白天在公司受

气也就罢了，难道回家还要受气吗？”我回答她：“你如果回家不愿意再委曲求全，不愿意再受气，可以。问题是，大吼大叫是泄愤了，但无法解决你想要解决的问题。它还会激起对方的抵触甚至是反击的情绪，结果你的委屈不但没有被对方听见和看见，反而还会滋生其他问题。最后，就像俄罗斯的套娃一样，在一个还未解决的问题上，再套上另一个新的问题。那么，你最初的委屈就会被闷在里面，成为日后你们动不动就吵架的火种。”

所以，为了营造幸福的家庭氛围，也为了给孩子树立榜样，在沟通时，我们得学会像个成年人一样，成熟地管理自己的情绪。

第二，帮助孩子用正确的词汇表达情绪。我在前文中说过，幼儿除哭闹之外，还没有学会其他表达情绪的方法，所以我们必须教他们使用精确的词语来表达，例如：我很生气、我很难过、我很害怕、我很累、我好开心、我好喜欢……

之所以帮助孩子用语言来表述自己的情绪，是因为人的身体可以“听见”。许多神经心理学家的实验证实，我们说话时，50% 的声波会经由振波的形式进入身体的软组织，如皮肤组织、肌肉纤维、内脏及血管，而另外 50% 的声波，则会经由耳膜，进入身体的硬组织，如骨骼。

所以当我们用特定的词汇来表述情绪时，说出这些特定词汇所形成的声波，会以特定的振波形式（如波长、振幅、频率等）和身体里对应的情绪产生共振，而共振的结果，不仅能打散情绪郁结的疙瘩，还能转换这些情绪的能量形式。

这就是为什么我们在安慰一个失去至亲的人时，总会鼓励他勇敢地大声哭出来。因为一旦大声地哭出来，情绪就会慢慢地被释放，疗愈哀恸所需要的时间也会缩短。在我担任儿童临床心理治疗师期间，医院的诊室里一定会有一些能让孩子一边用力敲击、一边大声喊叫的工具。这也是游乐场里那些大人热衷于一边大声叫喊、一边拿着玩具锤大力敲击玩具台的原因。

除了能和身体里的情绪共振，用精确的词语来表达自己的感受，也能帮助孩子学会更有效地表达情绪的方法。很多时候，我们会被孩子的哭闹弄得心烦气躁，很少能够心平气和地倾听和了解孩子的问题，孩子在情绪或身体不舒服没有被听见和解决的情况下，只好弄出更大的哭闹动静来吸引我们的注意力。

所以，大人的以身作则以及亲子共读故事书、绘本等，对教导孩子使用正确的情绪词汇来说是非常重要的。例如，孩子哭闹时，我们可以如下这样说：

- 妈妈知道，你的玩具不小心摔坏了，所以你很难过，也很生气自己不小心。来，我们一起来看看能不能把它修好……

- 妈妈知道，你很累了，很想睡觉，但商场的音乐又那么大声。好，我们现在就回家，回家以后我们就可以睡觉了。
- 妈妈知道，你在这里玩得很开心，还不想回家。好，我们再玩 10 分钟，就要回家等爸爸回来吃晚饭了。

要让孩子明白，通过使用这些表达情绪的词汇，他的情绪就都能被父母听见、看见，都被接收了，所以不用再费力地进行肢体表达。

第三，公平地对话。即，允许对方有说话的机会和权利。坦率地说，女人的语言发展能力向来优于男人，一旦和男人吵起架或说起理来，很容易变得伶牙俐齿、咄咄逼人，常常一句话就“见血封喉”，把男人气得干脆走人，又或者噼里啪啦，连珠炮似的让男人没有申辩和说话的余地。

对孩子而言，在目睹父母之间的争执时，除了感到很害怕，也常常会因为只听见妈妈的一面之词，而对爸爸有了错误的看法。例如，爸爸因为连续几个周末加班太晚或回家太累了不想和妈妈聊天，妈妈就上纲上线——“反正你也不喜欢这个家！”“反正我们就是你的拖累！”

这样的说法对孩子是非常不公平的。如果爸爸对妈妈的感情确实出现了变化，那也只是对妈妈的感情生变，并不能同理得出父亲对孩子的感情也发生了变化。可是，我们大人在面对即将或可能失去对方的恐惧时，常常会拉上一个弱小的孩子，把他当成武器，一起对抗对方。

著名的心理学家埃里克森说，3~6 岁的孩子会出现一种符合常规发展的恐惧心理。原因是，在这个阶段，儿童有好几项重要的任务要完成。

1. 离开曾经 24 小时都陪在身边的大人，开始进入幼儿园的集体生活；
2. 父母开始要求孩子独自睡在自己的小床上或自己的房间里；
3. 开始面对因学习而产生的社会竞争压力。

埃里克森认为，在这个符合常规发展的恐惧心理出现阶段，儿童容易把错误导向自己。例如，他们会想：因为自己不乖，所以爸爸跟妈妈吵架；因为自己不乖，所以妈妈哭了；因为自己很笨，所以爸爸不喜欢自己……这些混合了恐惧和自责的心理，如果引导得当，那么孩子就能很顺利地进入下一个“勤奋感 vs 自卑感”的社会心理发展阶段，但父母在这个阶段的争执如果殃及池鱼，就会让孩子一直停留在恐惧和自责里裹足不前。

所以，作为优秀的会话范本，我们不仅要向孩子示范如何倾听和尊重他人说话，以及如何为自己申辩，而且一定不能拉着孩子承受本来与他无关的无妄之灾。

第四，勇敢地说“对不起”。全世界的婚姻治疗师都同意，在长达一二十年的婚姻生活中，“要面子”“不肯认输”是危及婚姻关系的重要杀手。很多原本可以白头偕老的夫妻，却因为两个人都不愿意低头把话说明白、不愿低头道歉，而错失了重归于好的机会，走向不得不分手的遗憾结局。

我相信关心孩子健康成长的父母们一定都知道，由于双方在争执中谁都不愿先说“对不起”而引起的冷战所造成的白色冷暴力，对孩子的杀伤力并不亚于肢体的暴力。绝大多数人都有过目睹父母发生争执的时候，在那个当下，我们会感到很害怕，如果父母随后就言归于好，我们产生的害怕心理也就能很快地被另一种情绪取代，但如果这个争执一直存在，并且让家里的空气像结了冰一样，我们就得每天都小心翼翼，不断地观察大人的脸色，不仅谈不上有安全感，还会一直被恐惧吞噬着。

父母勇敢地承认自己的错误，说声对不起，也是在教导孩子，给孩子做示范。人难免犯错，但只要承认自己做错，道歉了，就有再次被相信的机会，也拥有再次开心的权利。

而且，这里所说的“勇敢地说对不起”，不仅是在两个大人之间，也包含我们和孩子之间的互动。我们难免会因为一时的情绪失控，误会了孩子或实行了错误的管教。但是我们可以在发现自己的错误后，勇敢地跟孩子说对不起，就像我父亲在知道误会我们几个孩子偷钱后，立刻道歉和弥补一样。父亲这样做不仅成就了我们快乐的一天，赢得了我们的尊敬，也为我们做了成为一个勇敢者最好的示范——一个勇敢的人会自信和强大到敢于低头承认自己也有做错事的时候，并且自信和强大到有能力去纠正错误。

最后，我想从权利的角度来讨论这件事情。你如果在我的诊室里装上录音机偷录孩子们和我的对话（当然这是不允许的），就会发现“不公平”这三个字是孩子们最常发出的呐喊，“只许州官放火，不许百姓点灯”是孩子们最受不了的事。他们认为父母独断专行，想怎么做就怎么做，想给就给，想收回就收回，完全不在乎他们的想法。

我当然知道孩子们在一定程度上夸大了父母的专断，但这也说明了不管孩子多大，对他们来说，公平，都是一件非常重要的事。它在孩子心中代表了自己的权利，也说明了自己在父母心中的地位和价值。所以，如果父母能向孩子示范，一旦做错了，就勇于承担并对孩子说对不起，那么孩子不仅学到了沟通的最佳范本，也进一步确认了自己在父母心目中举足轻重的地位。

父母吵架对孩子的影响

在前文中，关于父母吵架对孩子的影响，我已经做了一些说明。而且，我相信熟读亲子书的当代父母，一定都很明白其中的道理，我就不再赘述。但是，另外还有几点，是和父母吵架所产生的重要影响有关的，也是我希望提醒父母们的。

许多关心孩子成长的父母告诉我：“金老师，我们一直都很留意这一点，不在孩子面前吵架，所以应该不会对孩子造成什么影响吧？”我想用几点来回答这个问题。

情绪是一种能量

情绪就像风一样，我们看不见风长什么样子，却能感受到它，看见它所带来的结果。我们能感受吹拂在脸上的风是凉爽的还是炎热的，能分辨这一阵让裙裾飞扬的风是从哪里吹过来的，能从在风中摇摆的树叶中知道今天的风有多大，也能预估超过多少级的强风会带来怎样的破坏。

你有没有过这样的经验？一走进房间，就觉得房间里的氛围不太对劲，虽然房间里的每个人都很安静地坐着，但你却嗅出了紧绷的气味，于是你也莫名其妙地压低了声音，悄悄地问身边的人刚才是不是发生了什么事。没错，你并没有目睹事件的发生，但能从凝聚在空气中的情绪能量感受到它。

另外，借用几句现在流行的话来解释。“这个人的气场好强大哦，只要往那里一站，全场都被他镇住了。”“你的人气指数真高，有这么多人喜欢你。”或是“我真没法儿和这个人相处，只要和他在一起待会儿，我就闷得连气都喘不过来”。这些话中的“气场”“人气指数”“闷”等，指的就是情绪能量的影响力。它就像人在手里握着的一把大羽毛扇。有的人扇子一挥，狂风大作；有的人扇子猛挥，却仍然风平浪静；有的人扇子挥出，带来一股和煦舒适的春日熏风让人陶醉；有的人扇子挥出，要么难解酷热，要么凛冽刺骨，让人无处遁逃。

情绪在不同人身上会发挥不同的能量，而被情绪影响的人，并不一定需要目睹事件发生，感受到的威力就已足够强大！

年龄越小的孩子，直觉的感受力越强

我们都知道左脑职司理性，负责学习和理解；右脑职司感性，负责感受和想象。对还没有开始或刚开始进入学习阶段的幼儿来说，他们的左脑正待充实和开发，而这一阶段他们“行走江湖”所使用的，都是与生俱来的右脑感知能力。正因为左脑还没有被社会化制约，所以他们饿了就不管三七二十一地大哭，有尿意了，就要立刻解决。他们还没有能力去理解，却已经有足够甚至灵敏的能力去感受。

所以，我们也许会背着孩子争执或吵架，但这无法阻止这些感受力特别灵敏的小小孩儿嗅出家里的火药味。躺在小床上的他们，也许还没法儿用语言冲着我们大喊“你们不要再吵了”，却能用使劲挥舞的小胳膊、扭来扭去的身体，以及突如其来地大哭、吐奶、胀气，来知会我们“我受够了”。

影响有迹可循

那么，有哪些线索可以帮助我们了解家庭氛围是否已经影响了孩子呢？

对 4~8 岁的孩子来说，某些退行性行为的发生，是最重要的线索之一。例如：好久不尿床的孩子突然又开始尿床了；原来已经学会自己系鞋带，现在反而系得乱七八糟；坚持用奶瓶喝牛奶；突然出现讲话时结巴的现象；等。

对已经上学的孩子来说，某些情绪困扰的征兆也需要我们留意。例如：孩子养成了抠手、咬指甲的坏习惯；注意力不集中，有时候会坐在书桌前发呆；饮食习惯发生明显的变化，总说吃不下或没吃饱；晚上睡得不踏实，以致白天无精打采；脾气变得暴躁，甚至出现暴力行为以及学习成绩明显退步。

当然，孩子产生这些让人担心的行为，并不一定是父母吵架引起的，很多时候也跟学校里的人际互动有关。但父母在检视各种可能造成这些现象的原因时，也一定要把家庭氛围以及家里最近发生的变化考虑进去。因为孩子的问题行为绝对不可能无缘无故地发生，儿童行为治疗师常说的一句话就是“孩子任何问题行为的背后，都一定会有一个求救的信号”，我相信这样说父母们就能理解了。

争执之后如何跟孩子解释

我相信不管冷战热战，世界上没有一对夫妻敢说自己在家庭生活中从来没有不开心、没有吵过架。围城内的柴米油盐确实能消磨爱情和耐心，所以意见相左在所难免。但负责任的父母要学习在争执时如何不伤及无辜，以及在争执后如何做损害管理。

我在前文中提到，尽管父母克制地不当着孩子的面吵架，孩子还是有可能感受到父母之间的情绪变化。所以，除了需要成熟地克制自己的情绪、管住自己脱口而出的话，我们也需要在事情结束后，消除可能给孩子带来的情绪冲击。

如果争执的动静真的惊扰到了孩子，孩子有可能会问：“妈妈，你和爸爸怎么了？”这个时候，我们千万不能说“小孩子别管大人的事，一边儿去”。

如果我们这么回答，孩子不仅会觉得被拒绝，也会感到很害怕。因为不知道发生了什么事，孩子便会开始胡思乱想，而越胡思乱想就越害怕，越害怕就越胡思乱想，这件事可能就动摇甚至粉碎了孩子的安全舒适圈。

我们也不能说“没什么事，你只管好好学习就行了”，或是老套地说“妈妈没有哭，妈妈只是眼睛里进沙子了”。我们以为这样的回答是在保护孩子不受伤害，却不知这样反而会让孩子更焦虑。

我的建议是，对还不太懂事的孩子，我们可以这样说：

> 爸爸和妈妈不太开心，就像你和隔壁的毛毛为了那只小白兔不太开心一样。不过，你不用担心，我们会和好的，就像你现在和毛毛又是好朋友了一样。

如果孩子追问：“你们为什么不开心？”我们可以简化地说：

> 妈妈过年想要出国去玩，爸爸想要回奶奶家，所以我们就不开心了，但是我们已经找到解决方法啦。

如果孩子已经大了，懂事了，我们就需要更坦率和公正地去说明，甚至可以寻求孩子的看法和解决之道。例如：

我们对于今年过年去哪里，意见不一致。妈妈过年想要出国去玩，因为忙了一整年，很想放松放松。爸爸想要回奶奶家，一方面想陪陪奶奶，另一方面也减少花费。爸爸和我说的其实都有道理，只是爸爸很坚决，所以我有点伤心，你觉得妈妈应该怎么做呢？

不用担心我们的坦率会吓到孩子或增加孩子的心理负担。其实，孩子的成熟懂事往往超过我们的想象，只是我们没有让他们发挥罢了。我们的坦率有几个好处：

1. 不让孩子担忧争执的背后有更坏的或无法解决的问题；
2. 把孩子当成可以咨询和讨论的对象，能增强孩子的参与感，让孩子感受到被信任和尊重；
3. 让孩子明白，现实生活中意见相左在所难免，关键在于如何去面对和解决；
4. 让孩子学会倾听和接纳不同的意见。

让孩子充分相信我们

我曾经在一个访谈类电视节目中，被聪慧的女主持人问了一个很棒的问题。她说：“金老师，您认为一个人最需要拥有什么样的能力，才能成为幸福的人？”

基于多年来为上千个个案进行心理咨询的经验，我不假思索地回答：“信任的能力。”而且这个能力，包含了对自己的信任，以及对周遭世界的信任。

信任和自信有本质上的不同。自信，是“我相信自己能做什么和有能力完成什么”，它是驱使行为的动力；信任，则是“我相信自己值得拥有什么，以及有能力给予什么”，它是强大的安全感。

我们可以思索一下，周遭的朋友或自己有没有下面这种心理和行为倾向：明明有一个非常好的机会，却不敢争取，或者是即便争取到了，也会在最后一分钟莫名其妙地被自己弄丢。这种心理和行为倾向，可能发生在职场、爱情、婚姻中。我们内心深处有一个小小的声音，一直在提醒我们：你怎么可能留得住这个人？你怎么可能会拥有幸福？你不可能完成这个任务。对我们来说，美好的人和事，总是“too good to be true”（太好了，以至于不真实），既然好得令人无法相信，那还不如在美梦必定破碎之前，自己先醒过来，免得受伤更深。

举个恋爱或婚姻中常见的例子。一个在各方面都很优秀、懂事的女孩，在每一段恋爱中，都会无理取闹地做出各种把男友折磨得死去活来的任性行为。男友精疲力竭地提出分手后，伤心的她告诫自己下次绝对不能再这样，可是恋情一旦稳定，她又控制不住地再次上演。一个婚姻原本幸福快乐的女人，总是担心丈夫会出轨，因此每天都像侦探一样，疑神疑鬼地侦察丈夫是否有婚外情的蛛丝马迹，最后弄得两人痛苦不堪，不欢而散。

这两位因缺乏信任而受到困扰的女子，都有一个不太健康的心理动因，那就是她们不相信自己会幸福，所以需要不断地寻找证据。一个寻找的是“他是真心爱我”的证据，另一个寻找的则是“他不是真心爱我”的证据。

缺乏信任能力的人是孤独的。因为害怕受伤害，所以把自己的周围筑上厚实的钢筋水泥围墙，别人进不来，自己也出不去。身在人群中，却感觉只身一人。

我相信任何父母都不希望自己的孩子失去对自己和对这个世界的信任，但父母们不知道，我们往往就是那个夺走孩子单纯信任的人。产生这种情况主要缘于以下三种行为。

爱的回收是在不经意间传递给孩子不能信任我们的强烈信号

- 你再这样，我就不喜欢你，不爱你了！
- 你再哭，妈妈就自己回家，不要你了！
- 妈妈喜欢妹妹，不喜欢你了！
- 我怎么会生出你这个倒霉孩子！

或者是一些无聊至极的玩笑话：

- 阿姨那么喜欢你，妈妈把你送给阿姨好了；
- 你是我们从垃圾桶里捡来的。

这些是我们在气头上会脱口而出的气话或以为孩子不懂事而说的玩笑话。但殊不知对心智还没成熟、无法分辨真话和假话的孩子来说，我们说的每句话都是真的。所以，孩子会以哇哇大哭来回应这种随时可能会被抛弃的威胁和恐惧，而我们却不知情地一而再、再而三地重复这个错误来伤害他们，并剥夺了孩子对我们美好的信任。所以，下一次管教时，请试试就事论事地说："妈妈特别爱你，但是妈妈不喜欢你把玩具丢得到处都是！"

严厉或刻薄的管教是摧毁孩子单纯信任的可怕作为

我曾经辅导过一个初中男孩，他逃课、抽烟、混帮派，成绩在一年内一落千丈。哭哭啼啼的妈妈逼着他来找我，一开始，他完全不说话，也不抬眼看我。经过好几次艰难的心理咨询后，他终于哽咽地告诉我，有一个周末早上起床后，妈妈喊他吃早饭，他一时没搭理，正好心情很坏的爸爸听见了，很严厉地说了他几句。他试图回嘴为自己辩驳，结果爸爸大怒，上来就是一顿劈头盖脸的打骂，个头已经不矮的他尝试反抗，被激怒的爸爸就打得更凶。最后，已经失控的爸爸把他逼到了墙角，甚至用两只手掐住了他的喉咙，他从很近的距离看见爸爸眼睛里的怒火和不屑，整个人完全僵住了。

事后，冷静下来的爸爸试图为刚才的暴怒和失控做解释，但是他告诉我，他看见的，不是爸爸事后假惺惺的爱和关心，而是那种恨不得没有生下他的嫌恶和痛苦。在那次事件之后，他对父母“装模作样”的关心完全无法接受，对他们的信任也荡然无存。

也许这个案例有些极端，但我们时常能看见父母用刻薄的语言来教训孩子。我们家的一位受过高等教育、有高社会地位的朋友，就在餐桌上，当着一桌子亲朋好友的面，刻薄地跟已经读大学的儿子说：“你都已经胖成猪了，还吃那么多！”这是多么伤害孩子内心的错误行为啊！

关上求助的大门是压垮孩子单纯信任的最后一根稻草

沟通学上总是提到倾听的重要性，我们也总是听见亲子教育专家这样耳提面命地提醒家长。但是，倾听说起来容易，做起来却难，尤其是当沟通发生在两个关系密切又彼此在乎的人之间时，则更难。

- 难处一：我们已经那么熟悉和亲密了，没有必要那么有礼貌地说话；
- 难处二：我太在乎你是不是理解我的心情，所以你必须听见；
- 难处三：我之所以这么说，是出于对你的爱，是为了你好，所以你必须仔细听；
- 难处四：我相信我说的话是对的，所以不想听你的争辩。

所以，如果沟通的双方都是用这种心情来说话，其结果自然可想而知。

当和孩子说话时，我们一定要告诉自己不能落入这种错误的模式之中。我举两个例子说明什么叫错误的沟通。

孩子：我怕明天考不好！

家长：考不好就考不好呗！没关系！只要你努力了，考试成绩不是最重要的！

（更糟糕的表达）

家长：为什么考不好？是不是没好好学，老师讲课你没好好听？

孩子：我没选上班干部，好难过！

家长：这有什么好难过的，其实，没选上更好，我们可以集中精力学习。

（更糟糕的表达）

家长：那肯定是你自己表现得不够好，下回要更努力，要不人家还是不会选你的！

想想这种对话的结果是什么？孩子除了会抱怨“我的父母不了解我，我真的没办法和他们沟通”，还会做出再也不和父母说真话的决定，因为孩子在对话中完全感受不到来自父母的接纳，尤其是对自己情绪的接纳。

而且，父母的快速纠正或立刻否定，会让孩子觉得自己的看法、感受、情绪是无关紧要的。他们会认为“父母重视的，只是他们自己的看法，而且还要‘以大欺小’，把这些看法强加在我身上，所以我干脆就再也不要自找麻烦，跟他们说心里话了”。

那么，表达同理和倾听的聊天技术是什么？

孩子：我怕明天考不好！

家长：没关系，考试之前，每个人一定都会害怕的（和孩子共情），你最担心什么呢？（倾听他的感受）

孩子：我没选上班干部，心里好难过！

家长：是啊，遇到这样的事确实很难过（表示全然的接纳和理解）。你现在那么难过，妈妈该怎么做才能让你快乐一点儿呢？（倾听他的需求）

这么说话，听起来是不是会舒服一点儿呢？

我自己是个母亲，我知道妈妈们是多么急切地想指导孩子，免得孩子犯错或受到伤害。但是很多时候，孩子更需要的是父母的聆听，而且是怀抱安全感之下的聆听，这样他才愿意放心并且诚实地说出自己的心里话，我们也才能知道他小小的脑袋里到底想的是什么，才有机会去引导和帮助他。

我写过一本有关校园霸凌的书，叫《孩子，你可以更勇敢》，其中就提到，很多校园霸凌原本在初次发生时就可以很好地被处理，因为那些在孩子看来很严重的事，对大人来说却可能很容易地被解决。但如果孩子在第一时间不敢告诉父母真相，让霸凌事件逐渐升温恶化，错失了解决的良机，最后就会导致孩子身上发生本可以避免的悲剧。对父母来说，这样他们是无论如何也无法原谅自己的。

所以，我们一定要提醒自己，绝对不能断开通往沟通大门的桥梁，同时要时刻检查沟通的大门是否敞开，好让孩子在有需要时能凭借全然的信任而向我们倾诉心情。

第二章

父母的话锚定孩子的一生

心理学上有一个现象叫作锚定效应，指在评估问题时所依据的起始参照点不同而引起的判断偏差。我们都知道，当人们对某件事的好坏做评估时，其实并不存在绝对意义上的好与坏，一切都是相对的，关键是看你如何定位。

我用生活中遇到的例子来说明这个理论。我们都知道上好的羊绒是很昂贵的，假设忙碌一年的你在这个冬天决定要买一件好的羊绒大衣来犒赏自己，你走进商场，在一家国际知名品牌的店里看见了一件款式和颜色你都很喜欢的大衣，它的羊绒面料摸起来又轻又软，一看就知道绝对是好东西。你看了看吊牌上的价钱，哇，2 万多元!

离开了这家国际品牌店后，你走进了不远处一家信誉良好的国产羊绒品牌专卖店，一件款式和质量相似的大衣价格差不多是 8 000 元。这个时候，一件好羊绒大衣的价格在你心中自此落下了锚。

由于已近冬天，商场不同楼层的店里都在销售羊绒大衣，但因为你心中对价格已有定位，于是，定价但凡低于3 000元的，你都会认为“面料的质量不行”或“做工太次”。在你心中，5 000~8 000元的价格，是能咬牙接受的好东西，因为和国际大品牌或国产品牌专卖店之间的价差，是公认合理的品牌效应价值，但如果这个差距太大，就代表便宜的一方一定是有问题的。

这就是锚定效应在生活中制约我们做决定或选择的例子。那么，它在孩子的成长中，又会有什么样的影响呢？

父母的随口一说，可能为孩子的一生奠定基调

这里我们抛开那些用粗暴的语言伤害孩子的情况，因为我知道当代父母都勤于学习，不太会犯诸如说“我怎么这么倒霉，会生出你这种孩子”“你这个孩子没救了”这一类低级的错误。但是，我们很可能会在无心和无意间说出同样伤害孩子的话，为孩子锚定了自我认知的错误坐标。

- 你不像 ××× 那么聪明，所以更需要努力用功！
- 这孩子怎么就长得像她爸爸，没遗传到我的大眼睛，

可惜了！

- 唉！这孩子像我，语感太差，所以每次考外语，都被“说”这一项给拉下分来！
- 这孩子从小就特别胆小，离不开我，都上高中了还不能独立！

你们一看就知道这些话说得好像不对，但你们知道具体错在哪里吗？

它们的错误就在于，不如别人聪明、眼睛太小、语感太差、特别胆小……这些缺点都关乎一个人与生俱来的特质，而这些话仿佛让这些缺点变成了这个人的原罪，他无力改变，就像输在了起跑线上。这个错误以及残酷的心理锚定，不但限制了他对自己的认知，打击了他的自信心，还有可能给他铺好了未雨绸缪的“台阶”，让他在发生“不出所料”的失败时，有个合理化并且不再去努力尝试的借口。

我曾经在好几个场合中提及我的一位英国老师的例子。她 40 岁时，先生因病去世，她从此再未结婚，如今已 100 岁高龄。老师曾经告诉我一个影响了她一辈子都不能快乐享受两性关系的原因，这个原因影响了她青春期的恋爱，也影响了她婚后的夫妻生活。

老师有一个小她 3 岁的妹妹，她 11 岁那年，妈妈带着她和妹妹去探望阿姨，去公园散步时，她和妹妹走在前面，妈妈和阿姨跟在身后，她清楚地听见妈妈跟阿姨说："可怜的琼，遗传了她爸爸的大象腿，不像玛丽的腿又纤细又修长，像我们家的女孩。"

老师说，她妈妈在那个明媚的春天早晨说的话，就像是一条她永远也挣脱不掉的铁链，紧紧地捆绑着她。每次照镜子时，她总是能一眼看见自己那双可怜的大象腿，又难看又无助地杵在那里。她不敢穿裙子，游泳时更是难堪得痛苦万分。结婚后，她完全无法在先生面前宽衣或开灯，这不但影响了她的夫妻生活，也阻碍了她丧偶后再次进入婚姻。

也许你们会问，父母无心的一句话真的会有这么严重的影响吗？遗憾的是，是的。在某些情况下，无心的话所带来的影响是很深刻和严重的。这和孩子的人格特质有关，有些孩子天生就敏感，对自己的评价很容易受到外界，尤其是其敬仰或崇拜的父母的影响。心理学上有句话：一个男孩（女孩）终其一生都在寻求父亲（母亲）的认同。这个寻求认同的威力，随着父母和孩子之间力量的对比不同而有强度上的不同。成功且严厉的父亲、骄傲又好强的母亲，对弱小而寻求认同的孩子造成的心理冲击更是可想而知。

读到这里，你们也许会委屈地说："我们怎么可能会故意丑化和打击自己的孩子呢？和孩子说话时，我们向来特别留意自己的语言内容。”很好，那么在你们留意了自己所说的话之后，我还要提醒你们留意说话时的弦外之音，那就是说话时的面部表情和肢体语言。

罗森塔尔效应

有一个非常有名和有趣的实验可以说明弦外之音的重要性。这个实验是由美国著名的心理学家、哈佛大学教授罗森塔尔在 1963 年设计的，实验的目的在于证明偏见能够带来情绪力量，而这个力量是会影响学习结果的。

在这个实验中，他把参加实验的实验人员分成两组，把一群在智力和体力上的表现都完全相同的小白鼠也分成两组，并分别发给实验人员，请实验人员教这些小白鼠走迷宫。但是在实验开始之前，他故意告诉其中一组实验人员，他们所分配到的小白鼠是经过精挑细选的，不仅脑子聪明，体力也非常好。然后他又告诉另一组实验人员，他们的小白鼠是准备要被淘汰的，因为在评选中，它们都表现出了体力和智力上的鲁钝反应。

结果，实验人员在实验室里用相同的时间和方法教小白鼠走迷宫之后发现，被认为是聪明伶俐的那组小白鼠走迷宫的速度要比被认为是鲁钝愚笨的那组小白鼠快得多，而且在学习能力的表现上也强得多。

这个实验的结果当然不出罗森塔尔的意料。他对这个结果的解释是，这可能是因为实验人员对聪明的小白鼠怀着比较高的期望和信任，因此在训练的态度上比较友善、和蔼；而另一组实验人员因为内心先带着因偏见而产生的挫败感，所以对鲁钝的小白鼠表现出粗暴、不耐烦的态度，影响了小白鼠的学习情绪，并进一步影响了它们的学习能力。

为了巩固这个“偏见会影响学习结果”的假设，1968 年，罗森塔尔和他的同事雅各布森来到一所位于美国中部的小学，他们从这所小学的一至六年级当中，各选出 3 个班级的学生来参与实验。首先，他们给这些学生进行了一个叫作“预测未来发展”的测验。测验结果出来了以后，他们又从这些学生中随机抽取了一些学生的名字，然后把这份假装是有优异发展潜能学生的名单交给了老师，还煞有介事地一再叮嘱老师不要把名单外传出去。

8 个月后，罗森塔尔和雅各布森又来到了这所小学，又召集了上次所有参与实验的学生做了一次智能测验。结果发现，那份随机抽取的假名单上的学生其智能增长速度比其他学生快了一些，而且最重要的是，他们的情绪也变得活泼、开朗，求知欲旺盛，与老师互动积极且感情深厚。

罗森塔尔对这个结果的解释也和前面小白鼠的实验一样。他认为，虽然拥有名单的老师始终把名单藏在心里，但老师掩饰不住的信任和期待的情绪，会通过眼神、笑容、声音以及肢体语言，来影响学生的学习情绪，使这些学生对自己更加自信，对上学也充满动力和兴趣。

这个实验结果就是教育心理学上著名的罗森塔尔效应，也被称为期待效应。它给教育界带来了巨大的反思，让老师们理解，他们的信任和期望，以及对待学生的态度，是影响孩子学习成就非常重要的因素。

而且，在这里我要特别指出的是，罗森塔尔效应可以是正向的，但同时也可能是负向的（请想想那些被假意评为劣等的小白鼠和不在优异名单上的学生）。此外，我也要特别提醒家长们，囿于现实的客观因素，国内现行的一个中小学班级的规模，并不像欧美国家那样一个班级里只有十多个学生，所以我们如果只期望老师们能理解罗森塔尔效应的威力，对班上几十个学生都做到一视同仁，在现实上是有一定难度的。

所以，我更希望对罗森塔尔效应的认识能落实到父母或家里其他长辈的身上。因为孩子和家长相处的时间更多，能得到的关注也更全面和专一，而且对还没有独立自主能力的孩子来说，除了老师的巨大影响，家长的反应也是关键中的关键。

孩子的行为表现，源自根植于内心的小小雷达

我们每个人的身体里都有一个小小的雷达，它隐藏在我们的内心深处，虽然小但会监测动静、发射信号、下达指令，引导我们的所思所想、一举一动。当我们遇见该前进还是后退、该左转还是右转的关键情境时，它所发挥的影响力（或破坏力）就会更大。

生活中一个常见的例子是，在某个能认识陌生人的场合中，你会凭直觉比较喜欢跟某个人说话，因为他“看起来”比较好相处，而另一个人则“看起来”很骄傲，所以你决定不主动上前去打招呼。比较浪漫的例子是，人群中，你只是多看了他一眼，便有了“蓦然回首，那人就在灯火阑珊处”的感觉，这是因为两个身体里的“小雷达”发射出的电子频率得到了共振，自此擦出爱的火花。所以，这个雷达装置大到为我们决定了高考时的志愿选择、寻找工作时的专业面向、找对象时的择偶条件，小到决定我们去不去参加周末的饭局或出门前穿哪一套衣服。

那么，这个小小的雷达装置是怎么进入我们的身体，又是从什么时候开始发挥作用的呢？

被竞争开启的小雷达

九型人格、心理学上其他的人格特质分类，或者其他领

域不同的性格分类，就是由这个小雷达决定的。它的组件包括来自遗传的、能上溯好几代的祖辈基因；胚胎在妈妈的子宫里，从妈妈的呼吸、心跳、说话等得到的信号刺激；完全需要仰赖养育者照顾的婴幼儿时期的成长经验，以及懂事后接受社会化制约的经验。这些组件组装在一起之后，还会随着个体时下所处的环境做出一些调整，但这些调整只是细微的，甚至是临时性的因应机制。

照理说，这些组件之间并没有哪一个比其他的更重要，因为所有发展心理学家的研究结论都告诉我们，遗传和环境对人格塑造的影响是等量齐观的。但是也有例外的时候，那就是在一个孩子的成长过程中，家庭带来的影响和冲击是巨大的，大到足以成为主导力量。这个冲击有可能来自父母持续不断的争吵、家庭成员之间的肢体暴力或冷暴力、严苛刻薄的管教、校园霸凌、某一位亲人的骤然去世等。

那么这个小雷达是从什么时候开始发挥作用的呢？大概是在我们进入竞争的情境时，它的作用就开始明显出现。例如，在早教班里，哪个小朋友串珠子的动作比较快、谁搬椅子的力气比较大、谁帮老师做的事比较多，甚至谁先乖乖地吃完点心等。等到进入真枪实弹的学习竞争之后，这个雷达所发射出的信号就会越来越强。

标签理论

这个小雷达装置在心理学上还有一个血缘相近的表亲，叫作“标签理论”。如果小雷达一直发射同一个信号，日积月累，它就会成为自我评价、自我认知的参考坐标，像一个很难被撕掉的标签，牢牢地贴在我们的脑门上。麻烦的是，我们不但会根据这个标签行事，还会误以为别人也都能看见我们脑门上贴着的这个醒目的标签。

标签理论是社会心理学上一个非常重要的理论，指一个人的思想和行为会下意识地被他脑门上所贴的标签主导。也就是说，他的思考方式、行为表现、学习动机、人际互动等，都会下意识地符合这个标签所传递的信息。如果脑门上贴的标签是“成功者”，他就会以成功者的心态去迎接挑战、面对生活。反之，如果贴的是“失败者”的标签，他就很有可能会在遇到些微的困难时，不战而降。被贴上“失败者”标签的人会认为，反正努力了也还是会失败，所以还不如不努力，免得再受打击或白费功夫。

在和许多青少年互动的过程中，我常常难过地看到额头上贴着“失败者”标签的孩子。他们大多数都学业成就比较低，在学校和家庭中都不太被尊重。有的自视甚低，行为表现得畏畏缩缩，有或轻或重的抑郁倾向；有的却用自大狂妄来掩饰内心的焦虑、自卑，变成天不怕地不怕、欺负同学的小霸王。

其实，这些孩子的学业还不是我最担心的部分，作为专业的心理治疗师，我最担心的是他们日后步入社会的职业表现，以及他们成长后的社会化能力和处理人际关系的能力。事实上，许多从小没有享受过成功经验，并且因此备受嘲笑、羞辱的成年人，不仅在事业上一无所成，在婚姻上也会遇到困难，因为他们总是想通过掌控的方式来压制另一半的成就，以消除童年没有享受过成功的愤懑。

温暖与无条件的爱

我相信你们一看到这个标题，一定会觉得我很无聊，因为它出现在了一个最不需要出现和被教导的地方。如果我现在写的是一本有关爱情或两性关系的书，你们或许可以理解学习它的必要性，可是在一本讨论亲子的书里提到它，这个主题似乎就显得有些多余，哪个父母会不爱孩子呢？况且，父母爱子女是人类最美好的天性，难道还需要学习吗？

是的，我们需要学习，而且还需要很认真地学习它，因为我们需要找出孩子能接收或愿意接收的爱的信号。这么多年来，我在处理一些和父母闹得很僵的孩子的情绪问题时，常常会听到苦恼的孩子这么说："你可不可以告诉他们不要再给我压力了！我知道他们很爱我，可是这样的爱让我很受不了，我被他们爱得都快要窒息了！”

令孩子窒息的爱

我们先来看看哪些爱的表现会让孩子感到窒息。

第一，以爱之名，行占有之实

孩子在卧室看书，妈妈每隔 15 分钟进来一次。一会儿给他弄弄被子，一会儿问他冷不冷、热不热，一会儿端来果汁，一会儿给孩子披上外衣。在妈妈看来，母亲照顾孩子是天经地义的事。可是对孩子来说，这却意味着不断地被干扰、被侵犯。尤其是对大一点儿的孩子来说，妈妈进屋来东翻西翻，是对其隐私的侵犯。我虽然不完全同意这种看法，但却可以理解孩子的感受。

更可怕的行为是，明明孩子在讲电话，父母（尤其是妈妈）却赖在房间里，状似收拾东西，实则另有想法。孩子急了，说：“妈妈你可不可以先别弄了，我在跟同学说话。”妈妈却理直气壮地说：“跟同学说话有什么是妈妈不能听的，再说妈妈也没有干扰你呀！”

接下来的场景可能不需要我再继续描述，大家应该都能猜得出来。但我最担心的是，父母不但没有检讨自己的行为是否得当，反而把亲子间所有的不愉快都归咎于“这个孩子越来越叛逆了”。

就像一对恋人之间的爱恨情仇一样，许多恋人会用“因为我太爱你了”的大帽子来控制对方，并且合理化自己的许多非理性行为。例如，因为太爱他（她）了，所以需要时时刻刻地看见他（她）；因为太爱她（他）了，所以不能容忍别人和她（他）说话。而有些时候，我们对孩子的爱也像恋人之间的爱一样，占有欲强，失去理性。可是不同的是，恋人可以因为窒息的爱而选择分开，孩子却不能在被爱到窒息之后，拂袖离开父母。

所以，那些被父母压得透不过气来的孩子只有选择逃亡，逃到自己的小小心灵城堡里，才获得暂时的喘息。

第二，以爱之名，行要挟之实

有些父母会用所谓无怨无悔的爱来“勒索”孩子，让孩子在负罪感中被压得喘不过气来。

孩子在书桌前写作业，妈妈趴在地上擦地，一会儿捶捶腰，一会儿叹口气。孩子请妈妈休息，别再擦地了，妈妈却说：“没事儿，只要你好好学习，妈妈再怎么做都不怕累。”你能想象这话给孩子带来多大的压力吗？妈妈自己舍不得吃、舍不得穿，成天苦哈哈的，嘴里还一直念叨，只要孩子将来有出息她就满足了。你说，这样孩子还能有喘息的空间吗？

有一位前来求助的妈妈，每天晚上给刚考上重点高中的女儿打洗脚水，还亲自送到女儿面前，让女儿一边学习，一边在书桌底下泡脚。这位妈妈身材娇小，每天晚上收拾完厨房后，还要端着装满水的泡脚盆来回跑两趟，真的是很辛苦。渐渐长大的女儿实在是看不下去了，恳请妈妈别再这么做，可是妈妈的回答永远都是："只要你考上好大学，妈妈做的这一切就都值了。"

有一天，女儿模拟考发挥得不理想，心里已经特别难过，又看见妈妈披散着头发端着一盆热水进来放在她的脚下，她不知道哪里来的怒气，一脚就踢翻了那盆洗脚水。被向来乖巧听话的女儿的举动惊到了的妈妈，抹着眼泪蹲在地上擦地，女儿也羞愧地号啕大哭。那一夜，我想就是这个女孩日后开始表现出叛逆行为的临界点。

第三，以爱之名，行霸道之实

不止一次，我在学校的辅导室里听见妈妈啜泣着对孩子说："妈妈是因为爱你才这么做的啊！""妈妈这么做都是为了你啊！""妈妈为了你什么苦都能吃！"而我看着孩子满脸的木然，知道他心里正在呐喊："别为我了，妈妈！求求你放过我，我受不了了！"

所以，什么时候父母们可以不再说"都是为了你"，而是说“那么，你喜欢什么”呢？

我们当然不可能完全放手让孩子自己去做决定，事实上，身为有教养责任的父母，我们也不应该完全放手让孩子去做决定。但我们能不能不要再戴着这顶以爱之名的大帽子，自以为是地替孩子做所有的决定？我们能不能弯下腰来，在做决定之前，花一点儿时间、一点儿耐心、一点儿尊重，倾听孩子的声音，让孩子在我们划定的、合理而安全的界限之内，做出自己的决定？只有这样的爱才足以陪伴孩子走过风雨，而不是将其推出门外。

所以我常请父母们思考一个问题：你希望成为孩子眼中什么样的父母？而不是你希望自己成为什么样的父母。网上曾有一则让人心碎的新闻，一个苦学多年的孩子在拿到全国最好的音乐学院的录取通知书后，给父母留下了一句“我完成了你们的梦想”，然后纵身一跳，离开了这个世界。我想，他的决绝，给天下所有的父母，包括我自己，都上了一堂锥心刺骨的课。

第四，以爱之名，行恐吓之实

“你再这样，妈妈就不喜欢你了！”“你不回家是不是？那妈妈自己回家，不要你了！”这种对人不对事的恐吓，让孩子感受到我们的爱是随时可以收回的，所以他会很没有安全感，会变得很黏人、爱哭、爱发脾气。因为小小的他除了发脾气和大哭，还不明白如何清晰地表达：“妈妈，我很害怕，请你不要把我丢掉。”

所以下次请试着说：“妈妈特别爱你，但是妈妈不喜欢你做的这件事。”“我知道你玩得很开心，但是现在我们必须回家了，妈妈不想把你一个人留在这里，因为你是妈妈的宝贝啊！”我知道当我们在盛怒之下，很难这么咬文嚼字地说话，但是请想想，我们是成年人，本来就应该比孩子有更好的情绪管理能力。而且，如果我们不能保持平静的心态说话，则不仅无法解决当下的事情，还会雪上加霜，引发更多的问题。

除了将爱动辄收回的恐吓，我们还不得不承认，有些时候我们的爱也是势利的。孩子今天考了满分，我们又亲又搂，而成绩不理想时，我们就冷眼相对，这很难不让孩子觉得我们给予爱的程度是由学习成绩来决定的。这种情况如果发生在家里有两个孩子时，成绩不理想的孩子就会更辛苦，因为他永远活在和兄弟或姐妹竞争父母之爱的压力下，小小的心灵不仅会不堪重负，也会一直处在不安的心理阴影之下。

给予孩子能接收到的爱

亲子教育专家总是不厌其烦地告诉家长，每个孩子都是独特的，每个独特的个体都拥有独特的气质、独特的思维方式、独特的人格特质，以及独特的心理情绪机制。因此，面对一个独一无二的孩子，我们不能全盘按照书本上所教导的方式去养育，当然也不能自以为是地依照自己的想象和方法，给予孩子所谓的爱和关怀。

根据我多年的经验来看，父母的爱，既能载舟，也能覆舟，而其中的分界点就在于给予和表达的方式是否适当，以及是否能让孩子明确地感受和接收到。那么，我们怎么才能学会给予孩子适当的爱呢？

第一，“爱”是用对话了解彼此，而不是想当然的行动

根据不同的、与生俱来的人格特质，有些孩子喜欢父母用拥抱来表达他们的爱，有些孩子却很排斥过多的拥抱和“肉麻兮兮的甜言蜜语”（这是一个10岁女孩亲口告诉我的话，她说，她好怕妈妈说“宝贝儿，妈妈爱你”。每次听见妈妈这么说，她就很想飞速逃离现场，因为这实在太像在演连续剧了，肉麻得让人全身起鸡皮疙瘩）。

所以，如果我们希望表达的爱能让孩子接收到，那么我们就必须了解孩子内心小雷达接收的带宽和频率是什么，要不然我们一番苦心，孩子却好像不知所云，着实让人伤心。因此，我建议从孩子懂事开始，亲子之间就可以讨论以下话题：

- *你最喜欢妈妈怎么爱你呢？*

- 你什么时候感觉妈妈最爱你呢？
- 你觉得妈妈怎样做才是爱你的呢？
- 你同学的妈妈都是怎么爱他的？你觉得呢？

有一位少儿节目主持人听完我的话，回去问他3岁半的女儿："你希望爸爸怎么爱你呢？"女儿秒回："允许我看动画片。"略感受挫的他问我该怎么办，我给出的建议是：第一，时常问同样的问题，让孩子逐渐明白这句话的意义，同时感受到爸爸一直努力地表达爱和关心；第二，反问孩子："你知道爸爸希望你怎么爱爸爸吗？"然后用你的回答来教导孩子什么是对他人的爱的表现。当然，这里不是跟孩子说大道理，如孝顺父母、听父母的话等，而是具体可行的事，例如"爸爸希望下班回家后，妞妞大声地喊爸爸，然后给爸爸一个大大的拥抱"。

所以，问这些问题的目的，不仅仅是得到答案，更重要的是由此而展开对话和讨论，帮助家长进一步了解孩子的想法和需求。同时，这样问也表达了我们对孩子意见的尊重。往往，孩子的一个回答会让我们惊讶得思考很久，也让我们在孩子的童言童语中，知道我们的爱是否已经顺利地被接收、被感知，并且足以织成安全而密实的保护网去护卫着他。

第二，“爱”是给他一双能飞翔的翅膀，而不是帮他去飞

很多社会学家对当代孩子的情商充满了担忧，很担心少子化的时代孩子在父母无微不至的呵护下，会变得不堪一击，而事实也证明了这些社会学家的担心不无道理，因为确实有许多孩子已经表现出无法忍受挫折的情绪症状，被不自信和不安感困扰。有一位事业有成的女士很忧心地告诉我，她才 21 岁的儿子已经开始需要吃抗焦虑的药物才能入睡，原因是即将大学毕业的他，不知道自己的未来能期待什么。

这个现象令现在许多父母担心，可多数父母不知道的是，其实造成这一现象的原因正和他们自己有关。

就拿这个男孩来说，他从初中一年级就进入国际学校念书，高中毕业后由学校帮忙申请留学，直接去了澳洲读大学，因此他整个求学生涯几乎就是顺着一条已经规划好的路行进，既不需要太努力，也不用担心下一步该怎么走。可是大学四年结束后，对学习向来不感兴趣的他，不想再继续读书，但又不知道该怎么去规划自己的职业生涯，因此就慌了手脚。

这个男孩其实一直都很乖巧，也一直顺从母亲给他规划的求学路径，按照他母亲的原话，就是“这个孩子几乎就没有叛逆过”。可是这么一个从来不叛逆的孩子，却在可以按照自己意愿开启灿烂的青春年华时，用焦虑症来补偿青春期不曾出现的叛逆。究其原因，我想，除了他自己人格特质上对压力的承受力比较弱，母亲给予他的爱以及为他规划的一切，可能也是让压力加倍的原因。

A bird sitting on a tree is never
afraid of the branch breaking,
its trust is not on the branch but
on its own wings.
Always believe in yourself!

栖息在枝头的鸟儿一点儿都不担心树枝突然折断，
它并不是相信树枝，
而是信任自己的翅膀。
请永远相信你自己！

这是我最近送给我精油心理学课程上 300 多位学生的一段文字。我很喜欢这段话，所以把它印在笔记本扉页上送给学生。这段话提醒我自己，身为老师，我只能努力地确保我传授给这些孩子的知识是丰硕而坚实的，至于“幼鸟”能飞多高，需要他们用心打磨并相信自己的翅膀。除此之外，我也希望已经为人父母或将要为人父母的人，用同样的心情和态度来养育自己的孩子，尽一切的努力为孩子提供足够坚实的树枝，至于展翅飞翔的方向和时机，请怀着欣喜和信任的心，祝福他们。

第三，“爱”是积极的动力，而不是消极的阻碍

在商场、游乐园、街心公园里，你一定见过这样的场景：孩子伸手摸摸凹凸不平的墙面，妈妈大喊“别摸，有细菌”；孩子爬上栏杆，妈妈大喊“快下来，别磕着了”；孩子研究地上的小草，妈妈大喊“站起来，脏”。于是，孩子体会不到物体表面触觉的不同，锻炼不了四肢肌肉的平衡发展，观察不到新芽冒出泥土的奇妙历程。只因为我们太爱孩子，太害怕孩子受伤害，所以我们用爱限制了孩子可能的发展，同时也用爱阻碍了需要孩子自己独立完成的探索。

很多时候，我们自以为饱满的爱，却成为让孩子喘不过气来的桎梏或者是阻止孩子前进的障碍。很多次，在面对焦虑的妈妈向我抱怨孩子不够独立时，我都会小心地问：“是他不愿意独立，还是你不愿意放手让他独立？”

这个世界上没有任何一种爱能与父母对孩子的爱相比，也没有任何关系能取代这个强韧的纽带。当父母纯粹和毫无保留的爱获得了孩子全然的信任和依赖时，这个强韧的纽带就让人更加难以放手。

我自己虽然总是吹嘘如何成功地培养了儿子的独立性格，但其实也因此而“备尝苦果”。从儿子 17 岁高中毕业那一年申请去英国留学，并决定上哪所大学开始，对于他所做的许多决定，我们都是被告知，而不是被征询意见。虽然我知道他在做决定时经过了各种考量，也许不尽周全，不过起码不会幼稚或错误到伤害自己，但不再被需要的感觉还是让人感到非常失落，我也是花了好长时间才让自己慢慢地接受。

对孩子来说，我们逐渐地放长、放松那条绑在他身上怕他走丢了的牵引绳，就是我们对他的思考力、判断力、成熟度有信心的一种表现，孩子看见了父母的信心（哪怕是躲在孩子背后抹眼泪的信心），也会因此而更相信自己，并且越走越稳。

第四，“爱”是精神与物质上的双重富足，缺一不可

由于进入好大学的大门越来越紧，找到好工作的门槛越来越高，面对孩子将来势必会面临的严酷竞争，父母们心急如焚，脑子里满满都是“如何提升孩子竞争力”，因此就渐渐忽略了作为父母的另一项辅助作用——温暖和无条件的爱与包容。

我知道这句话听起来特别的老生常谈，但是在这里，我要提出一个比较尖锐的观点，那就是物质上的爱，是容易的，而精神上的爱，则是费心费力的。

我有两个姐姐，一个哥哥。父亲去世之后，如今已九十多岁高龄、独居了十多年的母亲一直是由住在同一个城市、距离最近的二姐和嫂嫂照顾。我常年定居北京，工作忙得只能每三个月回去看望母亲一次。我对自己不能随侍在侧地照顾母亲的愧疚感，是由“没关系，她们出力，我出钱”来合理化的。因此，我坚持每个月照顾母亲的保姆费用由我来承担，给母亲添置最好的家居安全设备的费用由我来买单……我的乐于付钱，看起来是我很大方，不计钱财，但其实我心里明白，这些都是因为我需要原谅自己的不孝，而且不管钱多钱少，这都是最容易做的事。

九十多岁的母亲听力早就有了问题，再加上人年纪大了，一件事总要重复多遍才能记住，所以已经退休的二姐，每天下午在陪母亲喊着聊天好几个小时之后，都会嘶哑着嗓子回家。而每个月负责带着母亲去拿药、看耳鼻喉科、检查眼睛的嫂嫂，从挂号、接送到排队取药，每次都得花上大半天，这些都是体力和心力的付出，不是花点儿钱就能解决的事。所以，我付出的，是最省心的事；她们付出的，才是最用心的事。坦率地说，我们跟孩子之间不也是这样吗？我们给孩子报各种辅导班，哪门课学习不好，就找家教陪读，暑假请一对一的游泳教练、网球教练，寒假送到滑雪冬令营。我们为孩子舍得花钱，哪怕砸锅卖铁也心甘情愿。但是，我们在做这些事情的时候，不仅仅只是为了孩子的将来，其实也有一部分是为了安慰我们自己——是的，我是个好父亲 / 母亲。

我不是说孩子不需要物质上合理的富足（就像我母亲总

是向人炫耀“会赚钱”的小女儿给她买的好东西一样），而是指除此之外，孩子也需要我们用心地付出，也就是不管时间多寡，在那个当下我们都能完全投入地陪伴孩子，并且完全保持专注，以及无论如何都能提供给孩子安全、温暖和无条件的爱。这些听起来仿佛都是做父母的天性，但其实我想我们都明白，很多时候我们没有做到。

第三章

真心与孩子对话

我知道在第一眼看见这个标题时，父母们心里一定委屈极了，心想：老天啊，我买这本书的目的不就是心心念念地想跟孩子沟通嘛，金老师您这么说真的是太不公平了！

是的，我完全明白没有哪一位家长是敷衍或不真心地和孩子说话的，但问题的关键是，孩子是否感觉到了我们的真心或感觉到了对话的门是敞开的，这才是沟通成功与否的具体标准。很多时候，我们自认为已经在尽力地沟通了，但孩子们的感受与我们不同，他们要么觉得这扇门的背后肯定装了一个很灵敏的弹簧，一不小心，门就会弹回来打到自己的脸上，要么就觉得这扇门基本上只能向一个方向打开，而那个能控制开合的门把手，握在父母的手上。所以，我说的“真心与孩子对话”，并不表示我们没有做，而是我们做得也许不得其法。

亲子沟通需要技巧，更需要意愿

我曾经辅导过两个让母亲伤心欲绝的女儿，一个刚上初中二年级，一个则远赴重洋，到英国伦敦读研究生。据上初二的女孩的妈妈说，她女儿从小学六年级开始，就表现出了极度叛逆的行为，和妈妈话不投机半句多，只要不开心就发疯一样地乱砸东西，常常闹到她爸爸不得不跟单位请假回家来收拾残局。最初我和这位表情冷漠的女孩谈话时，她不太愿意理我，我知道她一定认为我是来帮她妈妈管教她的某位让人厌烦的心理老师，但经过几次聊天后，她开始相信我是真诚地愿意帮助她，于是告诉我发生了什么事。

她说自己小时候不像现在这样完全无法忍受自己的妈妈，反而还很崇拜在高中教语文的妈妈，觉得她有学问又漂亮，总是想象自己长大以后要像妈妈一样这么棒。

小学二年级时，有一次语文老师出了一道作文题，大概的意思是请学生们写自己长大以后希望成为什么样的人。她很用心地写了希望成为像妈妈一样受人敬重的老师，这篇作文也得到了老师的夸奖。放学后，她兴奋地拿着这篇作文回家，并迫不及待地炫耀给正在厨房里做饭的妈妈看。没有想到妈妈只是瞄了一眼作文，就冷冷地说："当老师这么容易吗？你不刻苦学习，将来怎么当得上老师？"

这个脸上长着青春痘的女孩，带着痛苦但愤怒的表情告诉我：“您知道那天妈妈这句话有多伤我的心吗？我当时真想直接离家出走，再也不回来了。”

从那天之后，这个被妈妈伤了心的小女孩，开始变得更敏感，更容易受到那些也许只是妈妈无心之言的伤害。随着年龄的增长，她的情绪从自以为被忽视的伤心，逐渐转变成足以自我防卫，甚至足以伤害妈妈的愤怒，而这种愤怒演变到让她们母女俩完全无法长时间待在一个空间里。

辅导另一位已经读研的女孩，是受我的一位朋友所托，她请我在回英国时和她在伦敦读书的外甥女谈谈。她说她的外甥女已经完全不和自己的妈妈说话，也不回复妈妈的任何邮件和微信了。

那天，我和这位长得十分清秀的女孩在伦敦的一家比萨店里谈了七个多小时，也倾听了她所有的心声。她说，作为一个单身妈妈的女儿，她一直在努力地做个乖巧懂事、听妈妈话的好孩子，也因为知道妈妈受到的委屈和孤独，所以她从来都是把自己的情绪压抑下来，不惹妈妈生气。但是，满脸泪痕的她说：“阿姨，我也是个需要妈妈温柔理解、有血有肉有感受的人啊！”

让她情绪爆发的导火线是一桩她在伦敦打工时遇到的被歧视事件。读研期间，她和另外 4 位中国同学一起利用课余时间在一家非常知名的国际网购公司里负责包货，每周领到的薪水足以负担她的伙食费，而且在国际大企业里工作也能积累很好的职场经验，所以几位同学都很认真地工作。

有一天，包货仓的领班在下班前例行盘货时，发现仓库少了一只价格较高的手表，他未经仔细调查，就断定是其中一位中国男同学偷的。这位被冤枉的男同学囿于英语水平而百口莫辩，居然被强行判定要赔罚货值 3 倍的罚款以示惩戒。这个不公平的处置被几位一起工作的中国同学认定为歧视，于是大家同仇敌忾，都递出了辞呈。

心情恶劣又没了工作的她，回到住处后给妈妈写了一封邮件，一边哭一边把事情的来龙去脉都告诉了妈妈。本来就慌张焦虑的她，很想从妈妈那里得到一些安慰，可没想到妈妈立即回复的却是一大篇“冷血”的教训。妈妈在回信里说，江湖本来就险恶，所以少不更事的她不应该在还没看清事实之前，就意气用事地跟同学一起做出鲁莽的决定。妈妈在信里又提到了她已经反复说过多次的陈年往事，说自己当年在从乡下老家到人生地不熟的北京时，是如何勇敢而优秀地生存下来的。

看到妈妈回复的邮件后，混合了挫折、沮丧、害怕、愤怒情绪的她，一把就拿起了笔记本电脑往墙上用力地砸去，并在四周都是支离破碎的电脑机壳残片中，对自己发誓，从今以后再也不跟妈妈说任何心里话，也不再忍受妈妈对她的打击了。

第一位初中二年级的女孩因为学习实在是跟不上班里的进度，怕她走歪路的父母只好砸锅卖铁地把她送到了国外念书；第二位女孩研究生毕业后回到了北京，很快和自己认识的一个男孩结婚了，婚后她刻意住在离妈妈很远的地方，生了孩子也不愿意孩子跟姥姥走得太近。

我相信任何做妈妈的读者读到这两个真实的故事后，都会胸闷得喘不过气来。是的，我们能看得出来这两位妈妈当时的处理是不合适的，但也都承认这两位妈妈对各自女儿的回应绝对是出于善意和保护，甚至从某个角度来说，她们的教诲也绝对都是正确的。那么，让我们纠结的是什么？让两位女儿和妈妈们离心的原因又是什么？我想，问题就出在妈妈们都急着说话、急着教导，而忘记了很多时候孩子需要的仅仅是被专注而安静的听见。

有一次，我在录制亲子教育课程时，弄哭了一位女编导。那天我讲授的主题是如何处理孩子在大庭广众下的情绪爆发。我说，孩子们会在商场、餐厅、地铁等公共场所大哭大闹的原因，很可能是周围环境存在的刺激源让敏感的他们很不舒服。例如刺眼的冷光光源、低频但持续不断的电子噪声、空气中悬浮的尘埃粒子等。因此这个时候，妈妈们不能气急败坏地呵斥孩子，去进一步地强化他的不舒服，而是应该紧紧地搂着他，并不断地在孩子的耳边轻声温柔地说："妈妈知道，妈妈在你身边。”

在我录完这集课程后，大家突然发现那位一直都穿得很酷、很有决断力的女编导，趴在主控室的桌上痛哭，她一边克制不住地哭，一边挥手让大家不要管她。几分钟后，她安静了下来，红着双眼有些腼腆和尴尬地跟我说：“我刚才突然意识到，我妈妈从来就不知道，也从来都不在我身边。我知道作为外科医生的她很忙，工作压力也非常大，我不怪她，只是突然觉得很悲凉。”

这三位女孩的故事更坚定了我对亲子沟通的理解——家长虽然有管教和定立规范的责任，但更需要让孩子知道，这个世界上没有谁能比父母更愿意贴近他的心，感受它的跳动，倾听它的情绪；这个世界上也没有谁能比父母更爱他，愿意和他一起欢笑、一起忧伤、一起经历生活中的起起伏伏。而这一切，都需要我们学会如何表达，以及学会如何用心地聆听。

沟通意愿需要自我要求和付出努力

在医院多年的工作中，我除了是一名儿童和青少年临床心理治疗师，也是一名受过专业培训的婚姻治疗师。除此之外，我自己也有一个已经迈入第 39 年的婚姻，所以深知婚姻的真实面貌，并不像爱情小说描述的那样美好。

在我自己 39 个年头的婚姻生活中，我和先生之间当然也有寻常婚姻的喜怒哀乐，甚至曾经有一段时间俩人东奔西跑，各忙各的，好像已经无话可说。我想很多婚姻没法走到最后的重要原因，就是两个人都累得不想再花时间和精力在对方的身上，也许并没有第三者的干扰或介入，也没有发生什么需要分开的具体事件，双方都只想懒懒地待在自己的舒适圈里，可以讨论实际需要解决的家事，但不想多花力气去感受、理解、聆听对方。

坦率地说，我们和孩子之间产生沟通障碍的原因可能也一样。当代父母的焦虑指数可能已经直线上升到爆表的程度，最近挺长一段时间我接到的演讲或课程邀约，都和家长的焦虑以及如何做好情绪管理有关，可见家长焦虑确实是个不争的事实。但是，请原谅我的直率和冒昧，许多家长就是因为太焦虑、太忙于竞争，反而把有限的精力用在了错误的地方上。

我在一场演讲中回答了一位家长的问题，她问我怎样做才能让自己不再那么容易发脾气。我说，你可以试着把聊天软件上的朋友圈功能先暂时关掉一段时间，强迫自己不去看也不去写，然后看看情绪有没有得到改善。

我反对沉迷于朋友圈的原因很简单，主要包括如下三点。

其一，很多人这辈子可能只烘焙过一个漂亮又成功的轻奶酪蛋糕，可是她在朋友圈里的晒图会让你误以为她每个星期天的早晨都在阳光明媚的大厨房里，幸福地给孩子烤蛋糕。同样，朋友圈里那些晒各种幸福生活的“凡尔赛文学”[①]，也都会让我们误以为只有我们自己在角落里悲惨地活着，别人都在风光无限中快意地生活。

其二，我们不得不承认刷朋友圈、写朋友圈需要用到很多时间和精力。从拍照时的选角度、调光圈到选照片、修图，再到字字斟酌地写出漂亮的文案，最后还要时不时地查看朋友们的点赞数和评论，这些都需要时间和精力上的专注与投入。

其三，朋友圈里“别人家的孩子”“别人家的老公/老婆”会激起本来就存在于我们内心深处的原始的负面情绪，即由竞争和较量行为带来的嫉妒和挫败感，从而最终导致焦虑。而这种持续被激化的焦虑会让我们更有竞争感，更在乎胜负输赢的结果，这种恶性循环的后果，就是情绪波动的频率和强度变得更快更大。

所以，不管是从情绪的角度来说，还是从时间和精力管理的角度来说，我都认为日理万机、每天接送娃忙得焦头烂额的当代父母们，涉足朋友圈需要适可而止。

当然，我们和孩子之间的沟通障碍不能完全让朋友圈来背锅，也不能用太忙、太累来合理化自己的疏于努力。我们常教训孩子：“你不能光是表决心，光说不练，一定要有行动，

① 凡尔赛文学，一个网络热词，指一种“以低调的方式进行炫耀”的话语模式。——编者注

要努力啊！”是的，这句话在这里也一样适用。

那么我们该怎么努力，该学习哪些功课呢？

首先，在回应脱口而出之前，先深呼吸3次。这个方法尤其适用于你对眼前的事已经有点儿不高兴而很想赶快教训孩子时。作为惹人嫌的心理老师，我必须不怕得罪人地告诉你，人性中的恃强凌弱其实也会在家人关系中出现。它会发生在夫妻关系中，也一样会发生在亲子关系中。想想看，如果你今天面对的是决定你职业生涯、给你发薪水的老板，那么在不开心时，你敢不敢让自己想说的话脱口而出？回应前会不会三思而后行？所以，和孩子之间良好的沟通需要孩子有意愿，而达成这个意愿的方法之一，就是用深呼吸来管住脱口而出的言语伤害，给自己一个暂停并三思的机会。

其次，时常反问自己：当我还是个孩子时，我希望妈妈或爸爸怎么回应我？我曾经写过一篇文章《不知不觉中成了自己的妈妈》，得到了很多很多网友的回应，她们都说小时候她们曾经信誓旦旦地告诫自己，将来成为母亲后绝对不能像自己的妈妈一样，但有一天却惊讶地发现自己对待孩子的方式居然完全成了母亲当年对自己的翻版。

我当然不是说成为自己母亲的翻版是一件坏事，绝大多数的母亲都是温暖、温柔的，无怨无悔地给予孩子支持和爱。只是我们必须承认，有些父母确实在管教孩子时有欠妥当，无意中伤害了孩子小小的心灵。所以，当成为父母之后，每当急于管教孩子时，我们都可以先冷静下来，问问自己：当年我还是孩子时，遇到这种情况我希望妈妈或爸爸怎么回应我?

最后，如果平日太忙，每周可以设定一段不被打扰的亲子对谈时间。随着孩子年龄增长，学校作业越来越多，再加上各种兴趣班，平日里一家人能安静地在一起好好说话的时间一定会越来越少，我们可以和孩子一起养成一个定期深入聊天、说知心话的习惯。我和儿子，把这段谈心的时间称作“母子深情对谈时间”。由于儿子10岁时就到英国念书，住在寄宿学校里，我们一年只能利用各种假期见6次面，所以我们非常珍惜这些深情对谈的机会。我们的最长聊天纪录是他13岁那年放暑假回家，我俩躺在床上，一夜没睡，连续聊了十多个小时。

这个亲子对谈时间可长可短，也不一定需要每周一次，但每次对谈时一定要把握以下几个原则：

1. 全神贯注，不要同时做家事，不要翻看手机，不要心不在焉，不能被打扰。
2. 用心倾听，用心感受。父母别急着说话，在这段时间里孩子才是主角，我们不需要总是盘算着如何去回应孩子说话的内容，只要专心地听就行了。
3. 无论如何别动怒，别急着凭着经验指导，否则孩子就会关上心门，不再跟我们说心里话。

4. 告诉孩子，从他的言谈中，我们特别开心地发现了他的成长。注意：一定要说出具体的点，而不是为赞美而赞美。

5. 告诉孩子，我们特别享受和他聊天的这段时光，并表示这次对话对我们很有帮助，所以很期待下一次的对谈赶快到来。

我从和儿子的深情对谈中获得的最大好处是，他敢很诚实地跟我说任何事，不怕被我骂，也不怕被我取笑。这个信任让我和他爸爸能完全地了解发生在他身上和周围的事，以及他的所思所想，所以我们才能放心地知道他是安全的，确信他不会独自承受焦虑。我们不把他往外推，所以他遇到事情时不会闷在心里或只是询问和他一样对世事一知半解的同学。而且最重要的是，他的信任让我们知道如何去帮助他，以及何时需要出手去帮助他。

儿子长大进入职场，乃至结婚成家以后，我们这个深情对谈的习惯依然维持着。每几个月他休假回到北京来看我们时，我们一家三口晚上都会各自窝在客厅沙发的一角，我和他爸爸听他说过去几个月发生的事。儿子结婚以后，每逢这样的对话时间，儿媳只会在一开始聊天时加入，然后就会借故离开，回到自己的房间，让我们三个人重温旧时的时光。因此在我们家帮忙了 17 年、看着儿子长大的阿姨说，她从来没有见过哪家孩子和爸妈可以在一起聊那么久，有那么多说不完的话。

沟通的意愿也源于尊重

热恋中的情侣仿佛有说不完的话，刚分开各自回家后还可以再讲好几个小时的电话，也能躺在沙滩上“浪费时间”地仰望星空好几个小时。这是因为彼此都在乎这段关系，尊重对方，所以愿意付出时间享受对方的陪伴和倾听对方的想法，做出妥协。

虽然亲子关系不至于像情侣关系一样，但有些时候我们常常会因为觉得“小孩子懂什么”“跟自己的孩子说话还需要这么小心翼翼吗”“尊重孩子？那不是就没有为人父母的权威了”，而不留意和孩子说话时的态度，往往亲子沟通的问题也就出在这里。我们或许觉得“上对下”是中国文化中君臣、父子之间的道德关系，古人说过“君为臣纲，父为子纲”，我们既然是孩子的规则制定者，为什么还需要尊重他呢？

我记得自己 20 多年前有一次在接受一位电台女记者的采访时，就因为说了“要尊重孩子”这句话，而让她感到十分惊讶，她因此反复跟我确认我说的是不是“尊重”这两个字。我相信现在的父母当然早就已经不会像 20 年前那位女记者一样对尊重孩子的建议如此地惊讶，但问题是，我们给予孩子的尊重，是不管教的放任溺爱还是真正的尊重？因为这两者之间只有一个非常细微但又至关重要的分界线。

尽管亲子教育专家苦口婆心地劝告家长们不要纵容孩子的行为，但我们仍然能在公共场所里看见那些缺乏父母管教的孩子大呼小叫、上蹿下跳地干扰别人，也不时能看见没有礼貌的孩子一不顺心就撒野和顶撞父母的场面。这些不是尊重，而是放任、纵容，是会损害孩子长大以后为人处世的能力以及他的人际关系的。

我所说的尊重，是不以大欺小、口出恶言，尊重孩子的意见和作为独立人格的思考和感受，而不是自以为是地把自己的想法强加在孩子的身上。说真心话，我很不喜欢我们日常听到的那些带有些许侮辱性和歧视性形容词的句子，比如“这个没用的孩子”“这个倒霉孩子”……我希望看见的是在家庭会议里，每个人都能发表意见，并且这些意见都受到真心和严肃地讨论，而不是故作开明地开一个会，然后家长说怎么做就该怎么做。

另外，对待会议所达成的决议要等同于需要严肃对待的合约。从法律的角度来看，合约的精神指的是甲乙双方都要遵守协商后的条文内容，任何一方没有履行合约内容，就等同于藐视或破坏了合约，需要接受处罚。但往往在现实的亲子关系中，孩子是那个必须遵守和履行合约的人，家长则可以根据自己的心情来调整是否需要遵守合约。例如，明明约定好晚饭前孩子可以看30分钟的动画片，但妈妈今天上班遇到特别不开心的事，回家看见孩子正拿着平板电脑看动画片，就恼怒地说："作业写完了吗？天天就知道看动画片！"

所以好多孩子在谈及父母对自己的管教时，都会用"不公平"来总结他们的委屈，而这种"只许州官放火，不许百姓点灯"的管教态度，也会让孩子学会投机取巧、察言观色，甚至学会如何背着父母偷偷地去做喜欢的事，反正谁都知道开家庭会议是假的。

尊重也是家长对孩子表现出教养和礼貌的示范。我们和领导说话时，不可能也不敢不看着领导的眼睛；听领导说话时，也不可能一边刷手机，一边嗯嗯啊啊地敷衍了事。这不仅是出于礼貌，也源自我们对对方的尊重。所以，如果我们能在和孩子说话时，看着他的眼睛，专心地听他讲话，就会在无形中向他示范做人应有的礼节和教养，而不是每次遇见长辈时，就必须在一旁提醒他："奶奶跟你说话呢，看着奶奶的眼睛！"

成为孩子愿意说真话和可以依靠的人

在我多年的儿童心理辅导和对高中生的学校辅导经验中，我发现最让自己扼腕和心疼的是，有些最后无法挽回的伤害其实是可以在问题最初发生时就阻止的，而没有阻止的原因，往往是孩子的家长造成的！

我常在给家长们讲课时说，孩子在遇到困难时，哪怕是他已经成长为小大人模样的青少年，首先想到的一定是寻求父母的帮助，但通常摆在他们面前的是两扇通往不同结果的门，一扇门能通过亲子共同的努力来解决问题，另一扇门却会在打开的瞬间回弹打在他们的脸上。这扇门的回弹力道，可能来自父母的忽略、拒绝或不当处理。总之，这不仅没有解决当下的困境，还增加了另一重困难。于是，求助无门的孩子，只能凭着自己还没有发展成熟的心智，任由事态继续发展变得更糟，或是问道于盲，寻求其他的处理途径。

例如，很多在学校里被霸凌的孩子回家后不敢告诉父母。原因是一旦父母知道了自己在学校被人欺负的真相以后，就很有可能会在自己已经不堪负荷的情况下，为自己再招来更多的麻烦，这样不但于事无补，反而会带来更进一步的伤害，所以与其寻求父母的帮助，还不如隐忍下来。

但问题是，当孩子遭遇了身心受创的霸凌却又不敢告诉父母时，这个霸凌的恶劣行为会继续发生，甚至变本加厉，孩子的身心会持续地受到伤害，甚至达到无法挽回的地步。而且，更重要的是，当求助无门时，孩子对父母的信任会陷入崩塌，对自我价值的认知也会出现错位。

觉察孩子有话要说时的信号

很多孩子对自己强烈感受到的情绪，很难用言语表达出来，或者是害怕表达出来以后反而会带来糟糕的后果，这时他们会不自觉地用一些行为来宣泄。作为家长，我们如果能及时觉察到这些蛛丝马迹，就能主动地引导孩子把这些情绪释放出来。这类情绪最常见的行为表现有五种。

第一，退行性反应。这是年龄小一点儿的孩子比较常见的反应。例如，突然又开始尿床；把衣服的前后穿反；吸大拇指的情况更频繁和固执；早就已经学会用杯子喝牛奶了，现在却会呛到；不断地要求和妈妈一起睡；等。尿床是刚上小学的孩子尤其容易发生的退行性现象，大部分是因为不适应新环境的焦虑或被强壮的同学欺负，以及害怕老师不喜欢自己。有些孩子在妈妈生了弟弟妹妹以后，也会出现这种心因性的尿床。

第二，啃指甲或者撕甲皮的倒刺。这个现象一般会出现在年龄大一点儿的孩子身上，而且当父母发现孩子有这个“坏毛病”时，通常他已经有这个习惯好一阵子了，只是现在变得更明显，更无法隐藏。我在医院心理卫生中心工作时，前来接受心理辅导的孩子在宣泄情绪时多半都有这个习惯，很多孩子的十个手指头几乎都红红地布满了血痂，在心理咨询的过程中，只要触及自己最痛苦或难以承受的问题时，他们就会控制不住地啃咬指甲。

孩子们啃咬指甲或撕甲皮的倒刺还有一个更让人心疼的原因，那就是他们需要这种几近“自残”的疼痛感。当焦虑、紧张、不安、痛苦得不到化解时，自残就成为一种转移压力的方式，通过增加自身肉体的痛苦来减轻精神的痛苦。

第三，回避父母的眼神。父母是最了解孩子的人，孩子也明白这一点。由于担心被家长发现自己正在面临的问题，孩子会刻意地闪躲、回避父母的眼神，同时尽可能避免单独和爸爸或妈妈相处，免得在面对面交谈时被发现而泄露了内心的秘密。这一类孩子的个性通常比较胆小温顺，他们既没有勇气做出伤害自己的行为，又没有能力直面问题，所以只能采取“躲起来”的方法消极地对抗和保护自己。很多孩子因此沉迷于网络游戏，因为在虚拟的世界里，做得不好可以“重新来过”。

第四，有过食倾向，嘴里总是吃着东西。从心理分析的角度来看，不管是大人还是孩子，嘴里一直保持咀嚼或吸吮动作，例如嚼口香糖、抽烟、吃零食，都有可能是由于两个心理原因。一个是缺乏安全感，所以需要从食物中获得抚慰，也包括不断地抽烟、嚼槟榔等行为。精神分析学家弗洛伊德认为，幼儿在 1 岁半以前的口腔期发展阶段中，如果缺乏安全感或遭遇了情绪上的冲击，就有可能在长大后形成口腔期人格，产生过食或各种瘾症的问题。另一个原因是有不敢说的话，所以把嘴巴塞满堵住，免得秘密脱口而出。

第五，学业退步。有些人格特质的孩子会因为情绪压力而影响睡眠的质量，例如，睡不着、半夜惊醒、常常做噩梦，或者是虽然睡着了，但好像总是在半梦半醒之间。对正处在发育成长期、精力旺盛的孩子来说，短时间内睡眠不足的影响也许不是那么的明显，可如果一直持续下去，孩子就会出现脾气暴躁、精神不济、上课打瞌睡和无法集中精神学习的情况。可惜的是，通常父母会以为孩子无心向学是因为偷懒贪玩或不刻苦，殊不知孩子厌学的背后，可能隐藏着小小的他所无法承受和消化的情绪。

那么，一旦觉察到这些信号，我们该怎么做呢？

我的建议是，先由孩子平常比较亲近、沟通没有压力的长辈来探询。例如，如果爸爸和妈妈不便询问，那就请一直像朋友一样跟他玩得很好的舅舅或小姨来探询，并且向孩子保证，不管任何情况，他都能得到保护，问题也都能很好地被解决。当孩子吐露了压力的来源和真相之后，和他一起讨论，听听他的意见，我们可以更清楚地知道该如何帮助他，因为他才是饱受情绪困扰的当事人，也只有他知道怎么做才是最好的。

接纳孩子当下的情绪，不管这个情绪是不是我们乐于见到的

任何一个人，哪怕是我们这些成年人，遇到压力都难免会产生恐惧、愤怒、难过的情绪。这时，成年人通常会用比较压抑、隐晦的方式来处理它，但年龄还小、情绪克制能力还没有发育成熟的孩子只能用哭来宣泄它。

如果我们在孩子向我们哭诉时，贸然地阻止或指责（尤其是告诫男孩不可以爱哭，不可以随便流眼泪），那么一方面，这会让孩子感觉父母不能成为他在遇到困难时的依靠和支撑，以后就不会再想也不会再敢跟父母说实话，另一方面，被硬生生压抑下来的情绪，在释放遇阻的情况下会转而寻找其他渠道来发泄。例如，有的孩子出现精神恍惚，没办法专心听讲，记不住老师交代的作业；有的孩子开始出现饭后习惯性呕吐；有的孩子开始晚上失眠或太早醒来；等。

所以，当孩子从外面带回来那些我们不喜欢的负面情绪时，父母一定要把急着“管教”的冲动按压下来，学会张开双臂无条件地允许并接纳孩子的情绪。例如，让他在妈妈的怀里好好地哭一会儿；允许他回到自己的房间大哭一场；同意他到外面肆意地踢球发泄……总之，让他有足够的时间和自由，把心里的痛苦和愤懑都先倒出来，不让这些坏情绪闷在心里发酵，这样我们才能在他终于平静下来之后，好好地听他想告诉我们什么。

听孩子说，不要急着马上下结论或指导

孩子在陈述自己遇到的问题时，可能会因紧张而结结巴巴、支支吾吾，可能会由于尴尬而不说重点绕来绕去，也可能会担心受罚而像挤牙膏一样一点一点地吐露心声。这个时候父母一定要按捺住焦急的心情，专心、耐心地听他说话，给他充分的时间慢慢找回说出真相的勇气。

另外，除了不要打断或催促他快点说，家长还要学会克制自己不断章取义，骤下结论。很多家长告诉我，他们一直都很有耐心听孩子说话，也没有断章取义，但当我单独面对孩子的时候，孩子则委屈地摇头否认。我将这些情况转述给家长，但他们的眼神和脸上的表情都表明他们在忍耐，他们根本不相信我说的话。

从人际沟通的角度来说，沟通双方所感受到的情绪不仅仅来自语言本身，面部表情、肢体动作都是对方能捕捉到的弦外之音。所以，家长需要学习的不是忍耐，而是真正在乎孩子的说话内容。因为这种有建设性的倾听，能传递给孩子几个信号：一是我们在乎他说的话和任何心理感受；二是我们相信他所陈述的事实；三是我们相信他能做出适当的判断。

这种有建设性的倾听，适用于所有亲子沟通。有很多父母跟我抱怨孩子不愿意和他们沟通，回到家就窝在自己的房间里，对父母任何关心的问话都只是应付几句，或者用简短的一

两个字来回答。事实上，这种不愿意沟通的情况跟家长创造出来的沟通模式有关。让我们回想孩子小的时候，哪一个不是围着父母的脚边转，成天喊着父母，什么芝麻大的事都想跟父母说，可是为什么一等到开始学习了，孩子就突然不再成天围绕在父母身边了呢？

除了孩子开始有了隐私的观念，不愿意什么都和家长说，最重要的原因是父母已经不再像从前那样温暖、慈爱地接纳孩子可爱的童言童语了，开始急躁、焦虑地指导、纠正孩子说的话，一些家长甚至会不分青红皂白地扭曲孩子的意思，所以孩子干脆就不再跟他们说太多，免得自找麻烦。

控制情绪，表示支持

孩子向家长陈述所承受的情绪压力时，家长要控制自己的情绪，并向孩子传递“别怕，爸妈在这里”的支持信号。神经医学专家早就发现人类的皮肤细胞具有超强的记忆力，这些储存了超多生命记忆的皮肤细胞，能记住双脚第一次踏进大海时的冰凉畅快，记住在严寒的冬季夜晚推门进入温暖室内时的身心放松，记住襁褓时被妈妈拥在怀里的舒适安全……这些记忆能滋养我们面对生活颠簸时疲倦的心灵，唤起曾经富足美好的快乐记忆。当然，孩子也能因为记住了爸爸的大手掌落在屁股上的疼痛，而不再调皮捣蛋。

所以，当孩子由于感受到压力而焦虑、恐惧时，一定会渴望获得曾经被父母拥入怀中时的温暖和安全感。此时，我们拥抱他，搂着他的肩，或者哪怕只是紧紧握着他的手，都能成为唤醒他皮肤细胞美好记忆的铃声，同时给予他面对挑战的勇气。

第四章

语言也有情绪

我有一门每次开课都立刻满员的课程，课程名为《隐藏的语言》。在这门课程的第一堂课上，我会请学生们尽可能写出在现实生活中自己曾经经历过能用来形容“语言情绪”的形容词，同学们很喜欢这道题目，也写出了各式各样的形容词：温暖的、真诚的、开心的、积极的、冷冷的、尖酸刻薄的、皮笑肉不笑的、虚情假意的、让人厌烦的，甚至笑里藏刀的……

这些积极或消极的形容词，说明了语言情绪确实存在，也确实被进行对话的另一方“听见”了，否则这些同学不可能如此精准地使用这些形容词，而这些形容词也不可能被编入词典。

在同学们写出自己真实经历过的语言情绪之后，我会带领他们，闭上眼睛，感受并描述面对这些语言情绪时的身心反应。让我毫不意外的是，有些同学说着说着笑了，而有些同学说着说着则颤抖地哭了。睁开眼睛，回到现实后，同学们都不敢相信自己以为早就遗忘的对话场景，居然还历历在目，而且当时产生的情绪还能如此鲜活地跳跃着并被感受到。这就是隐藏在语言背后的情绪的威力——它能被对话的另一方捕捉，并储存在一个重要的角落。

人类以情绪的方式来储存记忆

自从可以在手机上看见各种自媒体视频之后，每天晚上睡觉前，我都要看几个世界各地的父母发布的和小婴儿有关的视频，然后在温柔而愉悦的情绪中入睡。在很多父母拍的视频中，我看见小婴儿会随着大人的喜怒哀乐而表现出相同的情绪——妈妈假装伤心地哭，他也会跟着伤心地哭；爸爸故意开心地大笑，他也会随着开心地大笑。很多人以为这是孩子的模仿能力，其实不然，事实上这是因为孩子对他人的情绪有着非常强的感受能力。

婴幼儿因为没有接受社会化的训练和制约，还没有发展出成熟的语言表达能力，所以直觉感应特别强烈，也特别能捕捉到他人的情绪。据我母亲说，我小时候特别有同情心，只要看见路边有小孩哭，我就会不肯回家，蹲在人家身旁跟着一起哭，所以每次带我出门时，只要远远看见有小朋友出于某些原因哭了，母亲就会赶紧绕道而行，免得我也跟着哭得一发不可收拾。

长大以后，我曾经把自己的多愁善感当作笑话说给同学们听，没想到很多同学都有相同的经历，而且他们都是像我一样，有着为赋新词强说愁的敏感性情。学习了心理学以后，我才明白，每个婴幼儿都有这种超强的感受情绪的能力，只是因为与生俱来的人格特质不同，易共情的孩子在性格坚毅、稳定的孩子中显得比较特殊罢了。

很多妈妈在给婴儿母乳时，都遇到过宝宝吐奶、溢奶或突然呛住的情况，其实这有可能和妈妈当时的焦虑情绪有关。宝宝从妈妈的心跳声和呼吸声，以及抱着自己时妈妈身体肌肉的紧绷感中，感受到了妈妈的情绪，从而影响了自己的消化，甚至会因为紧张而突然咬住妈妈的乳头。除了母乳时的这种情况，其他妈妈越烦躁宝宝就越容易出现扭来扭去或哭着不肯睡觉的情形，也是家里常见的生活场景。

我记得儿子在还没满月前，有一天晚上一直哭，怎么哄都安静不下来，也不肯睡觉。刚晋升为新手妈妈的我累得精疲力竭，又因为先生那段时间工作太忙而委屈不已，于是也跟着他一起大哭，甚至对完全不明所以的他吼道："我求求你放我一马好吗？我真想给你跪下了！"结果，儿子用尽了全身的力气，“咕噜”一声把胃里的奶全都吐了出来。我当时已经累得不想再收拾，所以母子俩就这样全身都是奶臭味地瘫软在地上睡着了，把终于下班回家看见我们的先生吓得不轻，他到现在都还在说那天的场景给他的心灵造成了创伤。

所以我们一定要记得，父母的情绪对孩子的影响比语言来得更为直接，因为它不能被粉饰，释放出的能量也最强，所以父母千万不要以为躺在婴儿床上的宝宝还不懂事，不知道家里发生了什么，就在他的身边毫不节制地吵架、哭泣，甚至吼叫骂人。

我在第一章里讲过，情绪是身体里最大的一股能量。关于情绪，有一点需要留意，那就是人类是以情绪的方式来储存记忆的。那些深刻到足以被铭刻下来的情绪，被储存在边缘系统海马体末端一个叫杏仁核的地方，它们看起来只是很安静地待在那里或早已被我们遗忘，但其实是在以细水长流的方式影响着我们，甚至在我们遇到类似的情境诱因时会突然爆发。

回忆一下，你是否也曾有类似经历：小时候某天夜里，你在睡梦中被父母激烈的吵架声和摔东西声惊醒，然后蜷缩在被子里害怕得瑟瑟发抖。长大后这件事你早已忘记了，父母也还快乐地生活在一起。可是现在每当你看见别人发生激烈的争执，或者是自己将要陷入一场激烈的争执时，当初那个小小孩的害怕情绪就会席卷而来，不仅让你感到气都喘不过来，想要立刻躲避冲突，还会让你因为总是压抑怒气而渐渐地变得忧郁不快。

或者是小时候某个炎热夏日的午后，父母带着你和哥哥到海边玩。你们在温暖的海水里嬉戏，在被太阳烤得松软的沙滩上打滚、堆城堡，都玩得很开心。回家的路上爸爸让你骑在他宽阔结实的肩膀上，你一只手拿着香甜美味的蛋卷冰激凌大口地吃着，另一只手抓着妈妈刚才帮你从小摊子上买的红色心形气球。妈妈把那天拍的照片整齐地放在相册里，长大后你每次看见这些照片都觉得很快乐。你可能记不得那天下午发生的每一个细节，但记得那天下午“我很快乐”。

这就是人类的记忆密码，我们把每个事件都用当时所产生的情绪记录下来，也许有些情绪并不强烈，渐渐地会被新的情绪取代，但有些情绪能量太强，因此得以被储存下来。这些被储存下来的情绪，被我们编码、归类存放在记忆库里。它们有可能会因为一个景象、一丝气味、一个触摸、一段音乐、一味辛香的触动，排山倒海般倾泻而出，也有可能在人浑然不觉的情况下，默默左右着我们的思想、行为、性格和每个艰难的选择。

所以，为什么我们总是用“管理”这两个字来形容我们处理情绪的方法？原因之一是，如果我们不能管理，这股强大的能量就会四处乱窜，不仅向内伤了自己，也向外伤及无辜；原因之二是，我们对这股能量的处理，不是消灭它、围堵它或压制它，而是应该因势利导、清堵疏浚，让这股能量转换成对我们有用的“能源”。

沟通不只是语言内容，更是情绪

孩子既拥有超强的情绪感受能力，会很敏感地捕捉语言里的弦外之音——情绪，也会把当下所感受到的强烈情绪储存进记忆的深处，让其成为潜意识的一部分，所以亲子沟通涉及的不仅是语言的内容，也包含了家长说话时所流露出的情绪。

我知道现在年轻一代的父母相较于自己的上一代，已经在非常用心地学习成长，为了成为更好的家长，他们说话时会注意修辞，也会努力地制造亲子之间能无障碍沟通的话题。但我必须再吹毛求疵地要求家长们，和孩子说话时不仅要留意用语，更需要留意随着语言所流露出来的情绪。

注意语言中的弦外之音

坦率地说，我很害怕和那些特别“假”的家长相处，尤其是和那些看起来特别“假”的妈妈相处。有位妈妈总是像外国人一样把“love you”（爱你）挂在嘴边，每次她在孩子出门上学时或将要通完电话时说的“love you”，都顺口得好像只是一句无意识的口头禅。这没有让我感受到爱，而只是满足了她的时髦和虚荣。所以很多时候，我反倒是希望回到我母亲的那个年代，她们没有受过很多的教育，不懂孩子的作业内容，只是全心地照顾孩子的温饱和安全。她们没有批判的情绪，也不会虚假地甜言蜜语，就是踏踏实实地爱孩子，让孩子在她们身边能够身心安稳。

相较于语言的内容，我其实更担心的是家长会在有意或无意间，释放那些足以让孩子害怕或自卑的情绪。我们可能没有责骂孩子，但眼神里的失望或无奈足以传递出能伤害孩子的信号。有一个马上要参加中考的男孩跟我说："我爸基本上已经不再管我的学习了，但我知道他对我非常失望，因为他现在都不正眼看我，好像我是一个透明人一样。每次我经过他的身边，都能感受到他在我的背后摇头叹气，也能看见我妈制止他这么做的眼神，我真的好痛苦、好自卑，也好害怕中考的成绩出来以后他会对我更失望。"

这位爸爸消极情绪的攻击已经让他儿子自卑、害怕，那就更不用提以严酷、高压或冷漠的情绪来主导家庭氛围的家长了。很多时候，我们可能不用言语管教孩子，但我们的存在就是一种冰冷的暴力，只要我们在家，孩子就不敢大声说话、大声欢笑，家里每个人都压低声音，蹑手蹑脚，仿若乌云罩顶。长期生活在这种家庭氛围中，不要说是未成熟的孩子，就算是大人也容易因压抑而产生身心健康问题。

所以，如果我们真的希望自己能跟孩子有很好的沟通，就一定要留意语言中的弦外之音，并努力地管理好自己的情绪。这既为了我们的身心健康，也为了孩子的身心健康。

就在我写这段文字的前后一两个月内，就有两个刚上美国常春藤名校的中国孩子，在他们的人生即将开启美好的篇章时，选择以极端的方式离开了这个世界。根据报道，这两个孩子都有抑郁倾向，而导致抑郁的原因我们当然不能武断地说来自家庭，但面对竞争如此激烈的升学，父母应该成为能帮助孩子减压的安全港湾，而不是加压的协助者。

鉴于全世界越来越多的孩子在遭遇情绪问题，世界卫生组织发布了孩子所遭遇的情感虐待的白皮书，借以提醒成年人多加注意。

情感虐待

- 你不嫌丢人，我还嫌丢人呢！看看人家孩子的成绩，再看看你的成绩！
- 你怎么这么笨啊，怎么教都不会！
- 我怎么这么倒霉会生出你这种孩子！

世界上没有哪对父母是不爱孩子、存心要伤害孩子的，但是很多时候我们会在不经意间做了最伤害孩子的事。我们也许会认为孩子进了学校或长大进入社会以后，难免会遇到一些尖酸刻薄的语言攻击，我们所说的话和孩子以后将要面对的比起来，实在是算不上伤害。但我们不知道的是，我们是还没有独立生活能力的孩子所仰望的养育者，是孩子心中能完全放心依靠的人。孩子对父母的感情掺杂着爱、依赖、取悦和崇拜，所以对父母的语言和情绪的感受十分敏锐和强烈，一旦感受到来自父母的拒绝、失望、蔑视、愤怒，其安全感就会非常容易地被摧毁。所以，上面列举出来的那些话，虽然看起来不算太糟，但如果作为当事人去感受，则杀伤力十足。

情感虐待和身体虐待不一样，它没有明显的伤痕，别人也察觉不出来，所以很容易被忽略，而且霸凌者常常隐身在黑暗的角落，对被霸凌者实施长时间的虐待。让人遗憾的是，根据世界卫生组织的相关报告，全球高达 30% 的孩子有过情感被虐待的经历，而父母或其他养育者居然是最主要的施暴者，更让人揪心的是，很多家长根本意识不到自己正在对孩子实施情感上的虐待。

根据联合国大会通过的《儿童权利宣言》，父母对孩子的情感虐待包含了以下几种情况。

轻蔑贬抑：父母在别人面前轻蔑地取笑或嘲弄孩子取得的

成就、抱负或个性，让孩子不仅感觉不到父母的接纳，还反而觉得自己让父母丢脸了，因此也会跟着贬低自己。例如有些父母总是会当着大家的面说：“只是会画画有什么用，英语和数学就从来没有考过 100 分。”

尴尬羞耻：父母未经同意就随意分享孩子的私人信息或在别人面前揭露一些令孩子感到很丢脸的事，例如“真是不害臊，这么大了还会尿床”，或者是不断地提醒孩子的缺点，例如“说话别结巴”“都这么胖了，还吃”。

压力焦虑：不断地质疑孩子的行为、动机或能力，让孩子感觉自己无法达到父母所期望的目标。如果孩子失败了，父母的态度让他觉得自己是次等人和失败者，例如总是说“你行吗？别又像上次一样，好好的机会又被自己搞砸了”。

过度内疚：父母让孩子认为自己是造成家庭不和或家庭困难的罪魁祸首，任何出错的事情都是孩子的错，让孩子产生“因为我不乖，所以……”的罪恶感。例如，一生气就跟孩子说：“要不是因为你，妈妈早就跟你爸离婚了！”“如果不是因为你吵着要出门，爸爸就不会……”。

恐惧害怕：父母之间持续不断地大声吵架或做出诸如砸坏家里东西的暴怒行为，让孩子极为害怕和恐惧，放学回家的路上不知道下一秒钟家里又会发生什么事。

情感虐待造成的影响

任何形式的虐待儿童都可能造成很严重的后果，而且这个影响会持续到这些孩子成年以后。但最让人担心的是，这些被虐待的孩子会认为自己罪有应得，应该对虐待负责，因为是他们自己不可爱、不值得被爱，所以才不受父母的喜爱和欢迎。心理学上提到的配得感和幸福感的低落就是源于此。以下是情感虐待和情感剥夺所带来的三个主要的长期影响。

第一，依恋关系的问题

情感虐待会阻碍孩子发展和形成健康的依恋关系。很多心理学研究都证明幼儿早期的依恋问题和成年期的不安全依恋问题（病态）有关，这些孩子在同辈关系、亲密关系中遭遇冲突攻击的风险，也会大大地增加。

我认识的一位朋友家的男孩就是典型的依恋关系受害者。他 6 岁前一直都在老家跟着爷爷奶奶，上小学后才被父母带到西安读书。他从小就比较胖，与小他 1 岁、一直跟在父母身边的弟弟比起来，他既不会读书，也不古灵精怪。考大学时，比他晚一级的弟弟没有任何悬念地考上了省里最好的大学，而他也没有任何悬念地上了一所二本高校。

在学校里他认识了一个女孩，交往期间女孩一直都表现得很任性，对这段关系也表现得很随意。他曾经把女孩带回家给父母看，父母阅人无数、生活经验丰富，一眼就看出了这段关系的不平等，因此不太支持两人交往。可是这个男孩就是不听父母的话，执意继续和女孩交往，一直到女孩怀孕，两人不得不结婚。

他父母原以为两人结了婚，就不需要再过于担心，没想到婚后女孩对男孩的虐待变本加厉，没收了他所有的工资。在某个下雪的深夜，男孩上完夜班后已经没有公交车，但女孩不准他搭出租车回家，就让他蜷缩在公交车站睡了一夜。他再也无法忍受，便提出离婚，女孩痛快地答应了，不仅拿走了婚房，还得到了孩子全部的抚养权。

我一直知道这个男孩肯定有某些心理上的障碍，直到某次和他们全家聚餐时，才完全明白了这个可怜的孩子之所以有心理障碍的原因。那天吃饭时大家都很尽兴，男孩也开心地吃了很多，就在身高 183 厘米的他准备添第二碗饭时，他爸爸当着一大桌子人的面，高声对坐在圆桌对面、已经 30 多岁的儿子说："还吃，还吃！都那么胖了还吃，你看看人家凯文多懂得节制。"凯文是我儿子，那天回家的路上，他愤然地跟我说："我再也不会跟那个可恶的伯伯一起吃饭了！"

那天饭后，在征得男孩妈妈同意后，我主动给这个男孩发了微信，约他出来喝咖啡。聊天的过程中他告诉我，对爸爸的这种公然呵斥和羞辱，他早已习惯，也没有什么感觉了。至于为什么明明知道妻子并不尊重他，还一意孤行非结婚不可，他带着有些悲凉的苦笑说："我不是从小就是个受气包吗？我已经习惯了，而且我跟不同女孩交往，她们都是这样对我，所以和谁结婚也没什么差别。"

还记得我在前面的章节里提到的标签理论吗？这个男孩的额头上就是贴着一张牢牢的"我不值得被爱"的标签，所以他一直会被同一种类型的女孩吸引，也一直忍受着别人对他不公平的苛待，他以为这就是他的宿命，是他应得的对待。

第二，行为问题

童年时期的情感虐待也与成年后的犯罪和性侵犯行为有关。当成年人在孩子面前施暴的时候，会让孩子误认为，暴力行为是被允许的，从而认同暴力的合理性并模仿大人的行为。心理学家认为，看到他人的暴力行为会弱化我们在类似情境中对自己暴力行为的抑制能力，而且也会让我们对暴力行为的情绪变得迟钝、不敏感，不关心他人的感受与痛苦。所以对人类来说，暴力虽然带有本能性，但更会受到后天经验的影响。

所以，在暴力环境下成长的孩子，一般会认为强者不应该同情弱者，暴力是解决问题的最佳手段，只有自身的强大才会让自己有安全感。而且，这类孩子日后还会重现虐待行为，即如果没有适当的干预，小时候曾经被养育者虐待的人，比没有经历过虐待的人更容易虐待自己的孩子。但是，让人心疼的是，当这些孩子遇到比自己更强大的人时，他们会陷入焦虑，会回想起自己曾经被家暴的悲惨经历，这种扭曲的心态令他们痛苦难安。

根据社会心理学家和犯罪心理学家的研究统计，在美国，校园枪击案的作案者中曾经受到过家庭暴力或学校霸凌的人比例极高，他们长大后无法处理、消化自己的愤怒情绪，于是转而攻击比他们弱小的人，但如果他们加入某一群体，就有可能会再度成为受虐者，进入无力挣脱的痛苦循环中。

第三，自杀和自我伤害的心理问题

小时候经历过持续情感虐待的青少年，更有可能出现一些情绪问题或心理疾病，如抑郁或焦虑，而且这种情绪会一直持续到成年，甚至愈演愈烈。此外，根据统计，面对竞争激烈的升学考试，有情感虐待史的孩子试图自杀的风险也在逐年增加。

我辅导过的一个已经读大学的女孩告诉我，她从小学四年级开始，就已经在思考用哪种方法结束自己“不愉快”的生命。我必须坦白地说，一开始我也以为她在试图用这类语言操纵我，试图左右心理咨询进程，但随着咨询的深入，我相信了她说的话，因为从她眼神里所流露出的痛苦和无所谓，我看见了一个饱受困扰的心灵。这个女孩有一位非常任性的母亲，她的工作能力很强，但心智还像个孩子，只要是她想做的，全家人都必须跟着去做，要不然她就会很不开心，让全家人都不好受。

女孩看着爸爸常年一味地妥协和忍受妈妈的欺压，自以为是地肩负起照顾爸爸和哄妈妈开心的责任。她从来不表达自己的意见，也从来不提要求，只要是能让妈妈不欺负爸爸的事，她就一定照做。她告诉我，每次她生出结束自己生命的念头时，都因为想到不能让爸爸一个人承受痛苦、不能让爸爸孤军奋战而作罢。但是经过了这么多年，她已经学会了不再去感受，只是任由自己几近麻木地活着。

上面的例子让我们痛心，但我们也不用太过消极悲观，并不是每个有情感虐待史的孩子都会留下一生的伤疤。被虐待的持续时间、严重程度和发生时的年龄都是决定影响程度的因素。只要父母们从现在开始，了解并纠正自己的错误行为，就能慢慢消除这些伤害。另外，一些因素也能产生抚慰和保护的功能，例如与另一个成年人形成正向积极的关系，得到（外）祖父母、老师或其他亲友的支持，也能缓冲情感虐待的一些负面的影响。

成年人可以通过花时间和受到伤害的孩子在一起，鼓励他，帮助他看到自己的价值，让他相信自己不是施虐者的言语和行为所定义的样子；帮助他发现并认识自己的长项，并据此为未来设定目标。此外，让孩子知道他是被爱、被珍惜和被相信的，那个施加压力在他身上的大人，可能本身也有被帮助的需求和正在承受的困扰，所以才会在无意间伤害了他。

孩子不是出气筒

当然，父母能在第一时间学会管理自己的情绪，不把孩子当成出气筒，也是身为成年人的责任。虽然我的专业工作涉及儿童、青少年以及婚姻等多个方面，但是我对孩子的问题一直都有颗最柔软的心。我总是告诉父母们，孩子们手无寸铁，太小、无力还击，对养育者施加在他们身上的一切只能逆来顺受，所以我们必须留意自己的言行，不要因为随意而在不知不觉间伤害了他们。

所以，我特别在这里加入了情绪管理的文字，希望我们一起努力，为了孩子能健康成长，给孩子做个好榜样。

把负能量转换为正能量

如果我们理解了关于情绪的基本概念，就不难明白疗愈心理创伤最好的方法就是转换和释放某个事件遗留下来的情绪。

转换储存在记忆中的情绪编码程式和建档分类的方法就是通过某种催化剂，例如植物精油中的天然化学分子和香气、阳光射线中拥有强大疗愈能力的色彩能量、频率和振幅能触及灵魂深处的心灵音乐、具有安抚神经传导功能和提供饱食中枢满足感的“安慰食品”、亲人和爱人无限包容的温柔拥抱、好朋友间的真挚情谊和细心倾听等“化学成分”的介入，来改变情绪原本的能量运作形式。

让我用浅显的话来打比方说明一下。当某个特定情境出现时，例如在办公室里遇到同组同事又开始推脱和故意刁难我时，原来我体内的情绪能量运作模式是固定在10点钟方向，以6级大风强度往左旋三下再重复。现在，在催化剂的帮助下，它变成了在4点钟方向，以3级轻度风力往右旋五下再重复。

若曾经固定的能量运作模式一旦被改变，产生的影响就包括如下三点：

第一，我们生理器官的化学生存环境会因此而改变，并且因为内啡肽这一快乐激素的分泌，身体的免疫力跟着提高。

第二，我们看待事物的情绪心理角度会因为固定的能量模式被打破而随之改变，因此这给我们提供了重新审视和客观判断的机会。例如，以前我们会因为烦躁赌气而不主动做事，最后落得业绩最差，挨老板批评。现在我们懂得把情绪隔离开来，就事论事，坚决不受同事负能量的影响，不仅勇于表现，还乐在其中。当这位一直有意或无意干扰我们的同事发现我们不再傻傻地陷入他的情绪圈套并一直表现亮眼之后，基于保住饭碗的当务之急，他就会转移注意力到其他方面。

第三，也是最重要的，因为情绪能量模式的转换，我们不再囿于同一负面情绪的死胡同里，不再被自己的负面情绪能量所吞噬。

也许我们对“顽固”情绪能量的威力不够重视，以为它不像生理疾病那样有致死的能力。事实上，2020 年 12 月，在由医联主办的“抑郁症专题研讨沙龙”上，专家分享了国内最新统计数据：我国抑郁症发病率约为 5%~6%。早在 2017 年，世界卫生组织发布的《抑郁症及其他常见精神障碍》报告中显示，世界范围内预计有超过 3 亿人饱受抑郁症的困扰，女性与男性的患病比例为 2∶1。越富裕的国家，抑郁症患者的比例越高，且教育水平越高、收入越高、社会地位越高的人，越容易有抑郁倾向。

为什么各项能力都比较有优势的人反而会有更强的抑郁倾向？我相信答案并不难理解。首先，他们通常会囿于自尊和骄傲，不愿意向别人倾吐心声；其次，他们已拥有一定的社会经济地位和成功者的表现，所以刚愎自用，不轻易向人求助和示弱；再次，基于已取得的成就，他们对自己的要求更为苛刻，不允许也不接受自己有错；最后，他们相信自己的自控能力，坚信事态不至于失控。因此他们把自己放在一个僵化的反应模式中，不敞开心扉接受帮助，也不打开大门接受改变，直到这股永远在同一个地方旋转的能量，汇聚成威力强大的龙卷风，席卷了一切。

把多余的负能量释放出来

有些时候，某些情绪能量来得太突然、太激越，我们一时消化不了，只好把它们暂时打包储存起来。例如，遭遇突如其来的家庭变故，突然撞见一直深信不疑的伴侣背叛了自己，措手不及地遇到巨大的财务损失，突然遭遇重大交通事故等，这些事情都会带来当时处理不了、消化不了的情绪。出于求生的本能，我们会启动自我防卫机制，把这些尖锐、激烈的情绪能量装进层层密封的盒子里，从而欺骗自己，完全拒绝和漠视它们的存在；或者是拼命地把它们往屋子里堆，把能照进阳光的窗户挡住，好让自己躲在阴暗的角落里哭泣。

也许有些时候，我们并没有遭遇巨大的情绪冲击，只是在日常生活中不断地被负能量攻击。例如，脾气暴躁易怒的父母、家庭气氛紧绷的冷暴力、尔虞我诈的办公室斗争、孩子即将面临重要考试、长期的身体病痛等，这些负能量长年累月地攻击我们，我们还来不及消化前一种情绪，后一种又扑面而来。如此积压的结果，自然是劣币驱逐良币，不仅把原有的正能量逐渐渗透、稀释为负能量，还渐渐地把负向思维变成固定的习惯和视角了。

那么，我们怎么才能把这些多余的负能量释放出来呢？

首先，承认情绪的存在。不要故作坚强地对自己和别人说：“没事，没事，我已经不难过了。”“放心吧！这点事打不倒我的，我比你们想象的要坚强多了。”“我不会为这种人难过的，他不值得！”这种雨过天晴的情绪状态确实可以达到，但需要时间疗愈伤口。我们不可能在面对伤害时完全无动于衷，世界上也不可能真有什么可以快速愈合伤口的灵丹妙药。所以，要让这些负面的情绪真正地得到释放，就必须定点、定向地找到出口，而到达这个出口的第一步，就是大声地说出来，好让前来拯救你的愈合部队听见，得以辨识出正确的位置。因此，我们要勇敢地承认自己难过的情绪，告诉爱你的家人和朋友你现在很伤心难过。不要逞强，也不要故作轻松。

其次，允许自己有沮丧和伤心的权利。也许这话乍听之下有些奇怪，但现实生活中我们确实常常为了自己的身份和责任而放弃了这个权利。例如，我们为了照顾孩子而强颜欢笑，认为自己一旦表现出脆弱，就无法成为孩子的坚强后盾。可是我们不知道的是，当我们以为自己表现得勇敢坚强时，脸上哀怨、忧伤或愤怒的表情，以及身体语言出卖了我们。而且，我们努力压抑的情绪并不会消失，而会以另一种形式被发泄出来，例如，为一件小事突然失控而大声呵斥孩子、尖锐而剧烈的头疼、失眠、容易摔倒等，这些反常表现反而会吓到我们原以为能保护的孩子，并延误了释放情绪的黄金时间。所以，不要被自尊、骄傲或罪恶感绑架，允许自己行使发泄情绪的权利。

再次，找出能帮助自己释放情绪的有效方式。有的人需要从不断地述说中得到释放，那就找个有耐心、愿意聆听的好朋友，让自己痛痛快快地把心里的话说出来；有的人需要大声嘶吼，那就找个没人的空旷地方，撕心裂肺地大吼大哭大喊几声；有的人需要美食，那就放纵自己吃一些让自己心满意足的食物；有的人需要买东西，那就找个消费得起的商场，好好地任性一番。

除了这些方法，透过感官（嗅觉、视觉、听觉、味觉、触觉），我们也能达到很好的宣泄情绪的效果，而且这类方法不仅能宣泄情绪，还能进而改变情绪的能量形式。

例如，从我熟悉的芳香疗法领域来说，我喜欢推荐最纯粹简单的吸嗅方式，让主管情绪记忆的边缘系统直接接触有神奇疗愈作用的精油分子，在和精油的对话间，找到情绪的出口。针对负面情绪，我推荐有着阳光般温暖能量的柑橘属精油，它们是佛手柑、甜橙、葡萄柚精油；如大树般安稳宁静的木质类精油，它们是檀香木和杉木精油；拥有疗愈灵魂功能的树脂类精油，它们是乳香和安息香精油；以及充满正能量的情绪理疗精油，它们是橙花、茉莉花和香蜂草精油。你只要把上述任何一款精油滴在手帕里，在任何需要它帮助的时候，缓慢而深沉地把香味吸进肺里，再带到腹腔，几次、几天或几周之后，你就会欣喜地发现它改变了什么。

从我所从事的另一个自然疗法领域——色彩能量疗法来说，我推荐大家先用彩度饱和、明度高亮的橙色来宣泄情绪（同属于暖色系的红色虽然能带出情绪，但有激化暴怒的副作用，所以不建议采用），再用同样高彩度、高明度的黄色和绿色来进行疗愈。色彩能量疗法的进行方式很简单，只要多接触、多注视所需要的色彩能量就可以，方法很简单，效果也很好。

最后，给自己设定一段合理的宣泄时间。根据实际生活情况，例如身份和责任，以及“伤口”的严重程度，给自己设定一段合理的宣泄时间。请留意，我说的是宣泄，而不是疗愈。情绪伤口的愈合，需要漫长的岁月，不是闻几滴精油或大哭大喊几下就能完全好的，所以不要用不切实际的目标来混淆期望，甚至打击自己的信心。不过，当下的负面情绪是能在合理的时间内被倾倒出来的。我们的目的在于不让这些负能量被转移到地下隐藏，成为搞砸一切的害群之马。我们先让这些有杀伤力的负能量被尽可能地释放出来，然后在不被过于干扰的情况下，慢慢愈合，最终释然。因此，请给自己设定一段合理的宣泄时间，并在这段时间里毫无牵挂、毫无愧疚、毫无保留地释放痛苦情绪。等合理的时间用完之后，你就要擦干眼泪，收拾心情，告诉自己这一阶段任务已经完成，必须往下一步前进了。

第五章

与孩子对等的沟通

小王两年前研究生毕业，找到了一份很理想的工作。一切都很顺利，他对公司的发展前景和自己的工作能力也感到很满意，唯一的遗憾是，他不知道如何表达与上司之间对某些事的不同看法。最近他一直试图向部门经理提出一个新的想法，经理却一直没把他的意见当回事。有一天，他对经理再次驳回他的想法感到忍无可忍，于是冲动地提出了辞呈，没想到经理完全没有挽留他，很快地就批准了。

在另一家公司里，大学毕业后工作了几年的梅子被同时分配了几个难推进的项目，她很出色地完成了这些工作，领导很满意，于是又交给了她更多的工作。被领导认可又表现出杰出的工作能力当然是好事，但是让梅子有些郁闷的是，她的薪水一直没有涨过，而且总是被领导分配别人不想做的、最无聊和最困难的项目。此外，虽然得到了管理层的口头赞赏，但她仍然没有被列入公司的员工晋升计划。梅子虽然很痛苦，但还是什么也没说，继续任劳任怨地工作。

这两位年轻人都是我受邀给他们公司做团队建设辅导时遇见的。当时，小王的领导给他的评价是过于个人主义，不懂得团队合作，缺乏沟通的能力。梅子的领导给她的评价是缺乏沟通技巧，不具有领导、管理的能力。也就是说，这两个年轻人在职场上遇到的挫折都和本身的学历、专业工作能力无关，而和人际沟通的能力有关。这一点我想是只关心孩子是不是能考上好大学的父母们始料未及的。

在团队建设辅导的个人辅导时间里，我曾经单独和这两位很有职业远景但显然又若有所缺的年轻人对话，知道他们的共同点是家教非常严格，即使现在长大工作了，也不被允许在大人说话时插话或顶嘴。那位冲动辞职的男孩还有一个比他小2岁的弟弟，两个人到现在都还会被严厉的爸爸罚跪，所以向来被压制、没有机会练习如何成熟地表达意见的他，在终于能为自己做决定时，把部门经理投射成为打压自己的父亲，用孤注一掷的心情做出了激烈的对抗。

这位男孩告诉我他最近被罚跪的原因是，有一天晚上他近12点才回到家，等门的爸爸冷着脸问他怎么这么晚才回来，微醺的他借酒壮胆，一反平日的沉默，回答："公司同事聚餐，好几个领导都还没离开，你总不能让我先走吧？"没想到爸爸一个巴掌飞来，打掉了他的眼镜，还让他在门厅那儿跪了好几个小时。

孩子有权利为自己说话，也有权利说“不”

一直以来，我们习惯了以父母的角度来思考孩子的问题，却很少想到站在孩子的立场，想想孩子的感受，也很少想到孩子眼中的大人是什么样子的，更是很少主动了解孩子对父母有哪些期望和意见。我们习惯了对孩子说“不”，却很少想过孩子也有权利说“不”。

身为人母，我当然可以理解当孩子对着我们说“不”的时候，父母心里的感受，也能理解教训孩子时，孩子回嘴或顶嘴（这时父母会有更强烈的情绪，感觉被孩子的回应给顶撞了）是多么让人生气的一件事。在地位上代表权威的父母，当孩子对我们所说的话表达反对意见时，我们非常容易只专注于他说这些话的“方式”，而不是他说话的“内容”，所以脑子里立刻就出现了“叛逆”“不服气”“不尊重父母”“蔑视父母的权威”这些字眼，于是下面的话就会跟着一肚子的火，脱口而出：

- 你做错事还有理吗？
- 你翅膀硬了是吧？现在会顶嘴了！

- 你敢再说一次？
- 造反了你！
- 你长大了，我管不了你了是吧？
- 不准顶嘴，不可以这么跟我说话，我是你爸，我说什么你就听着！

可以想见，这些话说完之后，孩子会有什么样的反应。可能是回嘴、顶撞得更严重，可能是气愤地回到房间再用力地摔上门，也可能是默默流泪但明显地愤愤不平……总之，在那个当下，亲子间沟通的桥梁是完全断开的，我们说的话孩子完全听不进去，孩子的情绪和心里想说的话，也完全没有机会表达出来。

从孩子社会心理发展的进程来看，7~10 岁是最重要的追求“自我”以及“独立需求”的发展阶段。在这个阶段，表达自己的意见是宣告独立的方式，也是必要的发展任务。此外，在这个阶段中，维护自己的利益也是社会化发展的正常工作之一，因此公平感是孩子非常在乎的事，任何被认为不公平的指责或要求，都会激起他出于自我保护目的的消极守势（不再跟父母沟通了）或积极攻势（一说话就大喊大叫）。

在前文的案例中，工作上受到委屈、不开心的梅子，虽然工作能力强，但却选择了隐忍退让，这就是因为她缺乏训练，没有很好的沟通能力，同时由于习惯了被父母压制而误以为自己没有表达意见的资格和权利。囿于团队建设辅导的目标，我没有机会了解已婚的梅子在婚姻关系中的情况，但我可以想象不敢表达意见却有满肚子情绪的梅子可能会遇见的困难，她要么就是继续做个受气包，要么就是在补偿心理的作用下，强势地主导话语权，把所有的情绪倒在先生的头上，让他做个受气包。

管教不是单向的教导，要给孩子辩解和回嘴的机会

我知道很多父母很不能容忍孩子回嘴，认为这是顶撞，是蔑视和挑战父母的权威，其实这种想法是不对的。让我们先抛开情绪，用客观、理性的角度去想想，如果不让孩子申辩，我们怎么能了解事情的真相？怎么能明白他心里的想法？又怎么能知道我们是不是用先入为主的定罪方式误解了他？

法庭对于任何犯罪嫌疑人都是以无罪推定原则为假设前提，既让检察官举证证明罪行，也让犯罪嫌疑人有完整的申辩权利，甚至不服判决时嫌疑人还能向上级法院提请上诉。对那些有可能触犯法律的人我们都这么做了，怎么对自己的孩子却不允许他拥有这个基本的权利呢？

给予孩子申辩的机会不仅仅能帮助我们看见事情的全貌，也能让孩子知道我们和他是平等的，他得到了我们的尊重，也

得到了我们公正地对待。请相信我，只要我们抛开了对顶嘴的情绪和成见，让孩子有权利为自己的行为辩护，就能够帮助孩子学会如何保持冷静、控制情绪地回应别人的质疑，这对他将来处理人际关系问题是有很大的助益的。而且，从另一个角度来说，我们允许孩子为自己申辩，也是创造了一个公平教育的机会，让他从小就学会与人相处最重要的原则。

现在，我们来假设一个场景。疲惫的妈妈从拥挤不堪的地铁中回到家里，放下包就立刻洗手准备做饭。她经过儿子小明的房间时，瞥见小明正对着电脑不知道在鼓捣什么，不由得一阵上火："作业写完了没有？怎么又在上网？你这样怎么参加中考啊！"面对妈妈不分青红皂白就充满了情绪的责怪，小明一开始还想解释："我哪有上网啊……"妈妈一听小明居然还敢顶嘴，更是生气："要是考不上好学校，你就搬砖去，反正我管不了你，也不想管你了，你爱干什么干什么！你到底写作业了没有？"小明气得没法答话，只能说："不管就不管，搬砖又怎么样，又不会死人！"妈妈被小明的顶撞给气坏了，继续说："我每天起早贪黑，这么辛苦工作是为了什么？如果你不喜欢学习，喜欢搬砖，那好，明天就别上学了，我也省得赚钱帮你交学费！"小明气得摔掉桌上的课本，一头倒在床上，捂着枕头再也不想和妈妈说话了。客厅里，妈妈也气得给爸爸打电话，没好气地跟爸爸说："你可不可以早一点儿回家，也管管孩子？这个孩子越来越不听话了，你也得分担一点儿做家长的责任啊！”至于当天晚饭桌上的场景和氛围，我想就不需要我再多做描述了。

其实，如果妈妈没有在第一时间就动怒，而是采用更加平和的方式，比如她可以先深呼吸，试着按捺住性子，抛掉想当然的成见，心平气和地简单问一句：“上网呢？”然后听听小明怎么回答，也许就能避免刚才那一幕不愉快的发生。

如果妈妈采取的是心平气和的方式，小明的回答有可能是：

- 对，在写作业。老师把今天的作业发到她的空间里了，我正在看。
- 对，我刚写完作业，想休息一会儿。
- 嗯，今天在学校特别烦，不想写作业，我想休息一会儿。

不管孩子的回答是哪一种，都能够让妈妈有机会顺着他的回答继续聊下去，这样就能避免刚才让母子都很不开心的那一幕。更重要的是，借由孩子的倾诉，我们有机会了解他的心情和他遇到的问题，这样才能更好地帮助或安慰他。

人是感情动物，我们都需要宣泄情绪

- 不准哭！一说你，你就哭，自己做错事，还委屈了？
- 你到底认不认错？你说话啊！
- 你说，妈妈管教你对不对？你以后要怎么做？你说话啊！
- 我在跟你说话，你听见了没有？怎么一点儿反应都没有！

这些似曾相识的话语，做父母的一定都不陌生吧！我们管教孩子时，虽然是站在高处，是拥有主控权的一方，但是因为疲倦、失望，甚至挫折，情绪会变得比平常更敏感和脆弱，因此对孩子被管教时的情绪表现会产生过度敏感和激烈的反应。

孩子在被责骂时哭泣，可能是被冤枉了觉得自己委屈，可能是做错事了害怕，可能是后悔了难过……可是我们没看见这些情绪，我们看见的，是他不承认错误，是他用眼泪来控诉或顶撞我们的管教，是他让人烦心、恼怒的“呜呜”哭声。

至于孩子被责骂时咬牙不哭的原因，可能是他与生俱来就拥有压抑情绪的人格特质，可能是他故意把情绪克制好以减轻痛苦，也可能是真的受了委屈所以负气抵抗。可是我们没有看见这些动机，我们看见的，是他倔强地不承认错误，是他在用沉默来对抗权威，是他缄默但含着怒气的眼神。

所以，孩子会觉得无所适从。哭，不对；不哭，也不对。说话申辩，是顶嘴；不说话承认错误，是倔强逆反。除此之外，我们还苛求一个情绪还没发育成熟的孩子，在经历如此负面的情绪风暴时，能控制住内心的波涛汹涌，像没事人一样，好好地发表一段总结性说话。这未免有些太强人所难！

因此，请记得，孩子在接受管教时一定会有情绪，从身心健康的角度来说，他也一定需要宣泄这些情绪。而不同孩子的情绪表现则因人格特质的不同而有所不同。有的孩子，在妈妈手上的小棍子还没打上身前，就哇哇地哭着说“我不敢了”；有的孩子，就算小棍子已经像雨点一样打在屁股上了，也还是紧闭着嘴，不流一滴眼泪。我要说的是，他们的情绪表现和“服不服管”无关，只和他们的人格特质有关，而这个人格特质，除了源于父母遗传下来的基因，也和父母的教养方式有关。

不要打断孩子的话，要教给孩子尊重

愿意以开放的态度接受孩子为自己辩护，向孩子表明我们愿意倾听和尊重他的观点，已经为高质量的亲子沟通建立了很好的基础。但是孩子还需要学习如何做到有礼貌和不粗鲁地

表达意见，因为“不尊重”和“勇气”之间，只有一个微妙的界限。

将近20年前，我在从济南到北京的动车上遇到一件事，那天我看见的情景之所以至今还历历在目，甚至在当时可以用被震撼来形容，是因为亲子教育在那个时候才刚刚开始被重视，所谓的现代亲子教育书籍也才刚刚开始在市场上出现，所以看见独生子女的父母如何“开明”地对待他们的宝贝孩子时，我着实受到了惊吓。

那时铁路运输才刚进入和谐号动车时代，乘坐动车的人还不算太多，大概都是比较有经济实力的家庭。那天坐在和我隔着走道另一边座位上的是一对年轻的父母带着一个5岁左右的小男孩。动车行驶平稳后，男孩的妈妈从包里拿出了各式各样的恐龙模型玩具，男孩爸爸则一路耐心地陪着孩子排列恐龙阵式，还附带着各种假想的对白。

我隔着走道坐着，假装在专心看书，其实一直在观察他们的动静和谈话，心里觉得非常欣慰，也很温暖。一个多小时之后，午饭时间到了，温柔的妈妈起身到餐车去买午饭，不一会儿，妈妈捧着3桶方便面回来了，一一分配后，5岁的儿子突然扬起声，语气里充满了不开心地说：“你不是知道我从来不吃鸡味儿的方便面吗？你怎么不长记性啊！”我当时听了吓出了一身冷汗，心想：这下可惨了，这个熊孩子要挨骂了。

可是我万万没有想到的是，那位被呵斥为不长记性的妈妈，不但没有生气，反而还跟5岁的儿子连声道歉：“对不起，对不起！妈妈忘记了，妈妈不会再犯错，妈妈这就去换。”而孩子的爸爸则在一旁作壁上观，至少邻座的我没听见或看见他采取了什么管教措施。

吃完方便面后，让我瞠目结舌的一家三口都沉沉地睡着了，我却被他们震撼得无法入睡。我一直在想，这对以“开明”的态度来养育儿子的年轻父母，肯定看了很多关于爱的教育这一类的书，也一直在努力地做个优秀的家长，但是他们的养育方式在爱与管教之间模糊不清。他们给了孩子很多的关注和陪伴，却忽略了教给孩子在人与人之间的相处上，有一条清晰的红线是不能被践踏和跨越的，那就是有礼貌和尊重他人。成熟的个体最重要也最珍贵的品质就是有良好的教养。

所以那天我坐在快速行驶的动车上，担心着这个受到父母宠爱、童言童语还堪称可爱的小太阳，会渐渐地变成目无尊长的小霸王，也担心这个被家长宠坏的孩子将来面对各种竞争、各种人际关系时会吃到苦头。如今，这个近20年前才5岁的孩子应该已经完成学业进入职场，我衷心希望他过得很好，能因为有理有节和良好的教养而得到领导和同事的喜欢，也希望他将来能成为一个比自己的父母更懂得如何去平衡爱与管教的好爸爸。

面对孩子的激烈反驳，如何妥善处理？

既然我们允许孩子申辩，那么作为家长，我们该如何处理孩子的辩解呢？

教孩子如何有礼貌地表达不同意

允许孩子申辩是尊重他的发言权，但这并不等同于允许孩子使用没有礼貌的语气来说话。

孩子（尤其是年龄较小的孩子）因为还没有发展出很好的情绪管理能力，所以当想对自己很在意的事情表达反对意见时，就难免会产生一些强烈的情绪。例如，对不许他在饭前喝可乐的妈妈大叫："我不喜欢你，我最讨厌你了！"或是像我侄子小时候那样，在他从电视剧里对养老院的意义刚有了模糊的概念时，有一次对着他的奶奶喊叫着说："等你老了以后，我就把你送到养老院去！"害得奶奶暗自垂泪了半天！

其实，绝大多数的孩子并不是故意不尊重长辈，他们只是在表达意见时，还不知道如何去合理和成熟地控制自己的情绪以及说话的内容，所以大人在这个时候就需要很有智慧并心平气和地引导他们，既不能呵斥他们不准再说话，也不能因为他们还小而任由他们继续没有礼貌地顶撞长辈。

我之所以说需要智慧和心平气和的原因是，如果我们只专注于纠正孩子说话时的语气和态度，就很容易忽略孩子情绪背后急需表达的重要信息，从而错失了理解和帮助他的机会。另外，如果我们严格要求孩子，不允许他有任何不礼貌的语气，孩子就没有机会练习如何在表达反对意见时控制自己的情绪，以及尊重对方。

提到练习，它有两个需要遵循的原则。第一，练习意味着一定会有不止一次以上的错误，而且练习的过程也绝对不是快速的。所以，父母千万不能指望孩子在被纠正了一次之后就能做好。我们需要温和冷静地指出孩子有问题的地方，并要求他以更好的方式重复一遍刚才的话。第二，在进行任何形式的练习之前，我们必须明白它背后的原理，就像学习乐器就必须懂得乐理和读谱一样。我们不能只教训孩子“跟大人说话要有礼貌”，而是要让孩子先理解“为什么”，其次孩子才能逐渐养成掌握尊重他人意愿的态度和方法。

这里我举个现实生活中常常发生的例子，来说明我的沟通阶段理论。

有点儿着急的妈妈跟妹妹说：“妹妹，我们还有15分钟就要出门了！请把玩具都收起来，去换衣服了。”（请留意，妈妈不是跟妹妹说：“快一点儿！快一点儿！我们要迟到了！”而是告诉妹妹距离出门还有15分钟，所以妹妹就能学习时间的概念，进而学会管理它。)

妹妹头也不抬地回答："我还想玩！"

妈妈有点儿不高兴了，说："不能玩了，现在就把玩具收起来，去换衣服！"

妹妹继续头也不抬地回答："我就是想玩！"

妈妈要发火了，严厉地说："我数到三……"

妹妹把手上的玩具摔得老远，站起来转身就走，一边走一边喊："为什么什么都要听你的？！"

出现这种情况，怎么办？出门在即，孩子仍然不配合，这位妈妈该怎么处理呢？

首先，这位妈妈要立刻做出判断，决定在这个当下下面这几件事的重要排序和时间点。

1. 出门的急切程度——是一定需要现在就出门，还是可以延迟一些时间再出门？
2. 管教孩子的最佳时机——是不是此时此刻？
3. 妹妹的年龄——是否足够大到能在几个小时回家后还记得自己犯的错？
4. 妈妈当下的情绪——是能心平气和地跟妹妹谈话，还是控制不住地想痛骂妹妹一顿？

如果这位妈妈评估后的决定是当下就可以处理，那就跟着妹妹回到房间，不用先着急给妹妹换衣服，而是温柔地把妹妹带近自己的身边，问妹妹以下几个问题：

- 你知道我们要去哪里吗？（也许是一家人已经计划了很久的地方，也许是上钢琴课……）并顺着妹妹的回答，说出不能晚到的原因。
- 爷爷奶奶刚才打电话来，好开心地问妈妈妹妹什么时候到，他们给妹妹准备了好多好吃的东西，你知道吗？爷爷奶奶从早上起来就一直盼着我们呢！
- 妈妈好像告诉过你，妈妈的老板希望妈妈今天去公司加班，因为最近有个很重要的工作，妈妈的同事都会准时去公司，所以妈妈也不希望自己迟到……

这是第一阶段的沟通，即让孩子明白为什么我们必须准时离开家，原因并不是妈妈太霸道，所有人都要听妈妈的指挥。接下来进入第二阶段：

- 妈妈知道你特别喜欢给芭比娃娃梳头，你也好厉害，每次给芭比娃娃梳的头发都好漂亮。但你觉得如果芭比娃娃知道你因为给她梳头而钢琴课迟到，被老师批评了，她会不会也希望等你回来以后再给她梳头发呢？

听到这些话，老实的孩子这时可能会点点头，古灵精怪的孩子这时可能会白你一眼说："芭比娃娃又不是真的人，她哪会知道啊！"不要急，这是孩子在自我解嘲，给自己找台阶下。

第二阶段沟通的目的是让孩子学习分辨事情的轻重缓急。例如，芭比娃娃的头发和焦急等候的爷爷奶奶之间，芭比娃娃的头发和妈妈公司的老板之间等。让孩子了解，妈妈并不是觉得帮芭比娃娃梳头不好，而是当下有比整理芭比娃娃的头发更重要的事必须先去完成。很多成年人优柔寡断，就是因为他们不懂得为事情的轻重缓急排序，也不懂得分析各个选项之间的利弊，更不愿意承担做出选择后所产生的结果。

接下来进入第三阶段的沟通：

- 刚才你把玩具摔得好远，又很大声地跟妈妈说话，你觉得妈妈会有什么样的感觉呢？（妹妹可能回答伤心、难过、生气、不喜欢我了……）
- 嗯，妈妈确实是有点儿伤心，因为妈妈以为妹妹不喜欢妈妈了，而且妹妹跟妈妈说话的时候没有礼貌！
- 嗯，妈妈确实是有点儿生气，因为妹妹跟妈妈说话的时候没有礼貌！

- 错！妈妈永远都不会不喜欢妹妹，但是妈妈有点儿生气，因为妹妹跟妈妈说话的时候没有礼貌！

这是帮助孩子在“心同此理”之外，进一步懂得“人同此心”。我们常说的“将心比心”“己所不欲，勿施于人”都是相同的道理。如果孩子明白在亲子对抗中，不仅仅他自己会不开心，会受到伤害，父母也和他一样会受到伤害，他就不会觉得被不公平地对待或产生强烈的压抑性情绪，也会懂得关心别人的情绪。

最后，我们可以要求孩子：

- 如果我们重来一次，你会怎么跟妈妈说，还想留在家里给芭比娃娃梳头吗？

当孩子重说一次之后，我们一定要立即给予赞美，比如在这个案例中，告诉妹妹如果她这么说，妈妈会有什么样的感觉，甚至有可能愿意多给她 5 分钟，让她带着一个头发最漂亮的芭比娃娃去上钢琴课。

以上是孩子闹脾气的当下家长就能处理的情况。如果现实的情况是必须立刻出门，那么就请务必留意，在还不能处理的时间里，例如在钢琴课上、在爷爷奶奶家，我们一定要先把出门前的不愉快隔离在一个角落里，不要冷冰冰或凶巴巴地不说话，让孩子在恐惧的情绪压力下度过一天。这个隔离是真正的隔离，而不是皮笑肉不笑地假装温柔，或者是阴森森地撂下一句“看我回家后怎么收拾你”。

帮助孩子练习有自信地说话，而不是大喊大叫

对孩子来说，学会自信地说话是很重要的一种人际社交能力。就像有礼貌地表达意见一样，自信地说话也需要练习。

不谦虚地说，我从高中开始就是个辩论高手，大学时期几乎捧回了各种大大小小辩论比赛的个人冠军。作为善于辩论的人，我在场上与对方交锋几句话之后，就知道对方辩手的水平，接着就会采取适当的策略来攻击对方的要害。

了解辩论的人都知道，一个好的辩手需要拥有两种重要的能力：清晰而缜密的逻辑思维能力，以及清晰而流畅的口语表达能力。

有的人逻辑思维架构不稳固，短短几个回合的攻防之后，就自乱方寸；有的人越辩越大声，恨不得嚷嚷得脸红脖子粗，想用音量来压制对方。对我们这些辩论老手来说，对付逻辑混乱的人，只要多转几个圈就能让他糊里糊涂地落入圈套；对付声音越来越高亢的人，我们知道这是因为他自信不足，外强中

干，马步不扎实，所以只要一直保持有距离的微笑和坚定平稳的音调，就能把他激怒得开始胡言乱语。

知道了这两个辩论的秘诀之后，我们就能据此来训练我们的孩子，虽然不一定要把他培训为辩论高手，但至少让他敢于在人前说话，能不卑不亢地为自己发声。我相信父母们一定能认同我的理解——我们不教导孩子嫉妒或夺取别人的成就，但我们一定要教导孩子勇于展现自己的能力。

我和先生与儿子之间一直有个行之多年的“请说服我”游戏，提供给大家参考。

从他进入幼儿园大班，能清晰地表达自己的想法开始，每次遇到他想做的事，而他爸爸和我又不太赞同时（例如，暑假期间，他想去漫画店租一套《新七龙珠》漫画书），我就会说：“请你给我 5 个能说服我们的理由。”然后给他需要思考的时间，可能是一个小时、一个下午、一个星期，准备好了之后，让他拿着手稿，当着我们的面，像跟客户提案或推销产品一样，一一陈述这 5 个理由。

我们听完了之后，一定能找出其中的某些疏漏，然后就像反质询一样，指出这些在理论上站不住脚的薄弱点，很有礼貌地请他回答或准备好后再次接受答辩。很多时候，我们真的会被他说服，也会从他的角度看见一些我们从来没有思考过的点。我之所以记得《新七龙珠》漫画书，就是因为当时才刚满

6 岁的他所举出的理由之一是大热天的下午他如果在家里看漫画书，就会避免因为无聊而长时间在烈日下和小朋友们在外面玩水，这样他就不会中暑，不会拉肚子，妈妈也不会着急。

也许心细的读者会问，为什么是 5 个理由呢？不能多几个或少几个吗？这其实是我的训练技巧。如果想出的理由少于 5 个，他就必须绞尽脑汁去想更多合理的理由来证明；如果多于 5 个，他就要学会去芜存菁，归类整理文字。这些都是在帮助他练习思考的弹性、谈判的技巧，以及熟练地使用文字和语言的能力。

我们的攻防游戏持续了很多年，一直到儿子上了高中之后才结束。儿子从头几年拿着手稿，手舞足蹈、挤眉弄眼地陈述理由，到初中之后，以沉稳自信的音调侃侃而谈，我看见他言谈之间的飞跃变化，也发现他因为自信而神态自若。今天，很多朋友夸赞儿子气宇轩昂，成熟稳重（请原谅我这个老母亲的骄傲和炫耀），我想这多少都得益于我们坚持多年的“请说服我”游戏。

所以，不允许孩子申辩或说“不”，是遇到事情时的消极做法，在每次亲子意见相左时，允许孩子站在和我们平等的地方，公平、公正、公开地陈述自己的理由，才是更积极和有建设性的做法。

当亲子沟通进入激烈的情绪化阶段时，给孩子做个好示范

不管我们如何留意，生活在压力如此之大的今天，疲惫不堪的爸爸、焦虑不已的妈妈、课业压力罩顶的孩子凑在一起，难免擦枪走火，发生火爆冲突。当孩子对着我们大喊大叫或故意不理不睬时，我们感觉自己身体里的压力激素如猛虎出笼般被释放，大脑的理性思维开始跳针，胸口仿佛有一座火山即将喷发。这个时候，请用成年人管控情绪的能力优势，迅速离开冲突现场，免得激化事端后更不好收拾，同时也给孩子做个好的示范。

我在前面的章节中提到如何管理情绪，这里就不再赘述，但我想进一步指出的是我们在离开现场时和情绪稳定后要做的事。

离开现场时，我们可以告诉孩子："妈妈现在非常生气（请不要说失望这一类具有批判性的字眼），感觉会说出并非我本意的话，所以我要离开这个房间，让自己安静下来，这样才能更公平地听见你的想法。"

在那个眼看冲突就要升级的当下，孩子其实也会惊恐得手足无措，会被身体里突然大量释放的压力激素冲昏了头，所以他一定也希望能暂时休兵，冷静下来，只是不知道该怎样做而已。所以家长按下暂停键，不仅能让双方都从烽火线上撤离了下来，也教给了孩子在遇到冲突时如何避免事态往更坏的方

向发展。

等大家都安静下来，情绪也平稳了之后，我们可以再次处理刚才的问题。对小一点儿的孩子来说，他可能已经被妈妈的表情吓坏了，知道自己做错事了，所以事情比较好处理。但是对已经长大了、进入青春期的孩子来说，大家都有意避而不谈发生冲突的原因绝对不是好的处理方法，因为需要处理的问题依旧在那里，并没有自动消失。我们不谈，并不表示它就不再重要，问题反而很有可能转入地下，孩子不再让我们知道罢了。

所以，风暴过后，我们要主动地向孩子递出橄榄枝，告诉孩子我们一直都很愿意倾听他的想法，想要重新谈一次。

要敢于对孩子承认“权威并不是永远正确的”

如果我们教孩子“永远服从权威”，那就是在告诉他，他的存在无足轻重，他的意见也并不宝贵。人都会犯错，我们宁愿孩子在任何情况下都知道是非，也不愿意他像小绵羊一样，一直屈从于权威的观点。

我总是在不同的演讲场合里提过我儿子小学四年级时偷钱的例子。儿子的奶奶住在台湾中部，是一所小学的教务主任，每周五傍晚下班后都会坐火车到台北来，周日再坐火车回去。为了让奶奶周末带孙子时身上有足够的零钱，我们给奶奶准备了一个小钱包，里面总是会补足1 000元新台币，奶奶离开台北时，这个小钱包会被放在一个固定的柜子的抽屉里。

有一天先生下班回家洗车时，在后座的置物袋里发现了这个不应该出现在这里的小钱包，相互询问之下，我们判断是儿子拿了之后又匆忙地藏在后座的袋子里了。我们决定先不作声，由我负责来旁敲侧击一番。

当天晚上，我和儿子躺在他的床上进行例行的睡前谈话。我问："好奇怪，奶奶的小钱包不知道为什么会放在爸爸车后座的袋子里。"儿子很淡定地回答："我也不知道，可能是奶奶放的吧。"于是，我没有再继续追问。

我和先生决定再给儿子一天的时间，于是当作没有事情发生一样，第二天继续愉快地各自上班上学。第二天晚上睡前谈话时，儿子可能心想奶奶过两天就要来了，马上就要东窗事发了，还不如自己先自首。于是，他说有一个秘密要告诉我。在告诉我这个偷拿小钱包的秘密时，他不但手脚并用地表演了整个心惊胆魄的过程，最后自己还总结了一句话：做一个诚实的人真好！

我听了这个秘密之后，当下并没有做出任何惩罚，只是告诉他我很开心他愿意告诉我这个秘密，接着就让他睡觉去了。

第二天放学时，孩子爸爸特地到学校门口接他。儿子向来坐校车回家，看见爸爸的车停在那里，大吃一惊，心想大事不妙，于是忐忑地上了车，跟着爸爸来到了学校附近的公园。车在公园路边停妥后，先生拿出了一个袋子交给儿子，告诉儿子说这是他刚才去买的一个钱包，钱包里面还装了500元新台币。

孩子爸爸说："妈妈告诉我奶奶的小钱包的事了。我们讨论了之后，认为这件事我们三个人都有错。我们的错是忽略了你已经上四年级了，应该要有自己可以支配的零用钱了，所以你以后每个月都会有500元新台币的零用钱；你的错是无论如何都不应该偷拿奶奶的小钱包，因为还有其他的方法可以让我们知道你需要零用钱。"那天父子俩具体又说了些什么我不知道，我只知道儿子从此以后就再也没有做出让我们担心他品行的事了。

我分享这个真实事件的原因是，孩童时我们都曾经历过，在一个问题事件中，明明大人也有错，但他们不承认，我们要是还敢举出证据，那就更让他们恼羞成怒地责骂我们。更加不公平的是，如果是我们犯了错，大人就开始用"人要勇于认错""知错能改"这一类的话来教训我们，这样的言行不一，怎么会让我们服气和尊敬他们呢？难道就因为他们是父母，是大人，是权威吗？

也许有些父母会担心，如果自己承认错误，会不会削弱了在孩子面前的权威？会不会显得软弱？会不会让孩子不再尊敬自己？

我的答案是当然不会。家长勇于承认错误，只会给孩子做出最好的示范，让孩子知道人难免会犯错，但重要的是，家长要理解自己的错误，勇于承担，并积极地找出补救的方法或改正错误。而且我们要让孩子看见，我们不会用一个错误去掩盖另一个错误，让事情恶化到不可收拾的地步，这才是给予孩子最好的品格教育。

这样做，除了品格教育，孩子也能从我们的认错或服输中，明白权威的真正意义，在学会尊敬长辈、尊重专业之余，不唯唯诺诺地一味服从，而是敢于突破窠臼，敢于自信地提出自己的想法和看法。

建立一个牢固的亲子关系

既然亲子之间难免发生不愉快，尤其是孩子进入青春期这个阶段以后，“要求独立”和“不愿放手”之间会是一场长达数年的拉锯战，而在这场拉锯战中，遭遇挫败的不管是哪一方，都需要有一个足够稳固的关系来承接这个结果，以及消化因对峙而产生的负面情绪。

许多年轻的女孩在进入婚姻后，问我该怎么处理婆媳关系，我在给出一些建议后，一定会告诉她们：“请千万记得，你跟婆婆再怎么亲，她都不是你的亲妈。我们跟妈妈大吵一架，过几天她就忘了，一定会原谅我们，可是跟婆婆说了非常伤人的话以后，就真的是覆水难收了！”

所以，如果我们能在风平浪静时先建筑好基础稳固的防波堤，将一个个混凝土块规规整整、扎扎实实地砌好，等到进入“家有青少年 vs 正值中年危机的父母”的台风期时，我们就能抵抗住狂风暴雨，让飘摇在风雨中的小船仍然有个可以安全停泊的港湾。

第六章

解决问题的互动沟通方式

作为临床心理治疗师，我在面对个案时，会根据个案前来求助的问题而采取不同的治疗方法——有单纯通过谈话咨询的谈话治疗；有通过学习心理学理论和心理学实验方法确立的原则，来对个体进行反复训练，达到矫正不良行为目的的行为治疗；以及在20世纪60年代发展出的一种有结构、短程、认知取向的认知行为治疗。

亲子沟通也是一样，需要根据沟通的实际需要来选择不同的沟通方式。例如，在倾听和了解孩子的心声与情绪之后，父母觉察到必须帮助孩子解决当下所面临的困难，但这时，父母和孩子之间的沟通如果只是停留在谈话或聊天层面上，则是不够的，很多时候我们还必须通过不同形式的互动沟通，例如运用行为疗法和认知行为疗法的技巧，才能真正达到手把手帮助孩子的教养目的。

我在思考用孩子可能遇到的哪一个问题作为深入、详细的互动教学示范时，脑海中首先浮现的就是“学习不好”“交不到朋友”这两个可能让父母备受困扰的问题，所以我会用它们来举例。

帮助孩子迈过学习不好的坎儿

我知道人一旦有了孩子，无论原来再怎么云淡风轻，再怎么道法自然，都难免会在不知不觉中被卷入一个怪圈——“鸡娃”[①]。也许大家给孩子“打鸡血”的方法和轻重程度会有所不同，但望子成龙、望女成凤的心都是一样的。很少有家长敢言之凿凿地说自己不在乎孩子的学习成绩，只要孩子快乐成长就好。我们都会在乎，只是在“过分严苛地在乎”“焦虑地在乎”以及“合理地在乎”之间摇摆罢了。

所以，如何帮助孩子迈过学习不好的坎儿并重获自信是我的第一个教学示范案例。

① “鸡娃”为网络流行词，指的是父母给孩子“打鸡血”，为了孩子能读好书、考出好成绩，而不断给孩子安排学习和活动，不停地让孩子去拼搏的行为。——编者注

孩子只是装作不在乎

孩子学习成绩不好时，我们可能会表现出毫不在乎的态度，但其实，我们心里很彷徨、害怕，甚至会感到羞耻。

我不是个容易做噩梦的人，但只要我做噩梦，梦中的情节十之八九都和考试有关。我最常见的噩梦内容是，考试时怎么赶着写都答不完那密密麻麻的题目，或者是满头大汗地到处转圈，找不到考场在哪里。试想，我距离最后一次正经的学校考试已经有 40 年以上的时间，可是那些考试带给我的“创伤”至今仍然在我的潜意识里如鬼魅般占据着重要位置。

从我个人的家庭教育经验以及辅导那么多青少年的经验中，我很清楚地知道，当一个孩子考试考得差了或自知跟不上学习进度时，他心里是很慌张害怕的。他当然也想考得好，抬头挺胸让人夸奖，也都希望自己能考上好大学，而并不是天生就愿意低人一等，让人瞧不起。所以当他们慌张害怕的时候，内心其实特别期望能有人来帮帮自己或扶持自己，告诉自己应该怎么调整呼吸，怎样一点点地追上同学。可如果大人不分青红皂白就一直骂孩子，认为孩子不上进、不用功，孩子就会觉得很无助，觉得在那么大的学业压力之下，还要背着另一重让他呼吸更困难的压力，实在难以忍受。

不是只要努力学习，就一定能考高分

根据认知心理学的研究，一个残酷的现实是，不是只要努力学习，就一定能考高分。

孩子从儿童期进入青春期，在各种生理和心理的发展变化中，有一个被教育学家用来作为教学设计依据的心智变化进程，那就是认知能力的变化。一般来说，青春期的孩子相较于儿童期，已经发展出可以思考抽象问题的能力。例如，儿童期的孩子需要借由实物、图片或玩游戏来学习新知，但青少年不需要经过这个具象的过程，他们可以凭着想象去思考、理解一个东西，这是脑部认知能力的变化和进步。所以，从初中、高中开始，所有课程的设计都是基于这个基础。不管是几何、代数，还是物理、化学，都牵涉到抽象思考能力。

但现实的情况是，并不是每个孩子到了青春期以后，抽象思考能力都能以相同的速度发展。在同年龄段的孩子中，不论是生理发育还是心智发育，大家都只是在一个较为宽泛的正常范围之内发展，而这个范围可能有 2~3 年的跨度。此外，每个孩子左脑和右脑的发育进程也不一样，有的左脑快于右脑，有的右脑快于左脑。所以，在同一个班级或同一个年级中，一定会有某些孩子的心智能力发展得比较快，某些孩子则需要稍微长一点儿的时间，而这种发展的速度与遗传有关，与成长环境、健康状况也有关。

所以，现在让我们来想象一种情况。今天老师教了新一章物理知识，这个新章节需要运用高级的抽象思考能力，全班同学都很认真地听课。班上 50 个同学中，有 30% 的同学在课堂上立刻就听懂了；有 40% 的同学回家后研读研读也明白了；可是还有剩下的 30% 的同学，即使回家研读了半天，也还是没有完全明白。第二天，物理老师又继续教了另一章新内容，前面那 70% 懂了的同学中，此时也许又有 5%~10% 的被落下了，而昨天就没完全听明白的同学，此时就更不明白了。

那怎么办呢？我们又不能让老师停下来等所有学生都明白了再继续往下教，而且目前大部分国内中小学一个班级里至少有 40 名学生，我们不能要求工作量已经很大的老师留意到每个学生的理解程度。所以，应对这个问题的责任只能由学生的家长来承担。至于如何承担，我们接下来详细说。

父母的力量：找到更高效的学习方法

决定孩子学习成绩的因素很多，不是只有用不用功那么简单。

从现在许多的校园霸凌案例中，我相信父母们都已经明白：学校并不是一个受保护的、密闭的真空罐子。孩子进了学校，就像进入了一个微型社会，所有大人在社会里所经历的人际关系，孩子在学校里也一样会经历。而且由于孩子的心智还没完全发育成熟，情绪比成年人更敏感脆弱，所以在微型社会里遇到的人际交往困难，反而会比大人来得更多，影响力和冲击力也更大。

我曾经辅导的一个正在接受精神病药物治疗的高中女学生告诉我，她之所以不想上学，是因为和班上的一个女同学之间有矛盾。她俩都喜欢学校的一个男同学，这个男同学也在她俩之间举棋不定，一会儿对她表示有意，一会儿又和那个女同学在一起说说笑笑。因为这个日渐白热化的竞争，她们之间闹得越来越僵，班上同学也乐得在一旁传八卦、看热闹。有一天，和她竞争的那个女同学使出了撒手锏，送给班上除她之外每个女同学一个拴在手机上的漂亮水晶吊坠。这个举措为她赢得了舆论的走向，同学们开始倾向于选择在这场竞争中送礼物的女生。

我辅导的这个女孩由此变得非常痛苦和孤独。在学校里，她总是感觉同学们在她背后窃窃私语、讥笑她，有时只要她试图靠近几个在一起聊天的同学，这些同学就好像很有默契地马上散开。她开始听见越来越强、越来越清晰的讥笑声，甚至上课时也感觉老师注视她的眼光变得不一样。她完全无法静下心来听课，也完全无法静下心来念书。她开始失眠，早上起不了床还要被气急败坏的妈妈数落一顿。极度无助的她（以及开始有妄想症状的她），最后选择自救的方法是“逃离”。她没有勇气逃离生命，只好选择逃离清醒的理智，好让那伤人的世界不再伤害自己。

走笔至此，我要再提醒各位家长一次，父母和孩子之间保持温暖畅通的沟通通道非常重要！如果当时这个在学校受到竞争伤害的女孩，能告诉妈妈她的遭遇，那么比她成熟得多的妈妈，是不是就能帮助她，避免接下来的悲剧了呢？

现在让我们来看看父母能帮助正在学业上浮沉挣扎的孩子渡过难关的一些方法。

第一，和孩子一起规划学习的进度

一般来说，学习成绩比较落后的孩子，在规划学习进度时也会比较吃力。其中的原因有几个：首先，实事求是地说，学习能力有可能受限于他的智商水平；其次，他可能缺乏这方面的养成训练，因为向来都是别人帮他规划好了，他只是跟着走、照着做罢了；最后，他过于心慌、焦虑，在一团乱麻前不知如何下手。

不过，当我们在帮助孩子规划学习进度时，不要越俎代庖，一手帮他规划，而是应该在一旁引导，陪伴他一起规划。而且，做出最后决定的人一定是孩子而不是我们，这一点是我们必须掌握的。

在做规划之前，我们可以先打印出几张有大空格的时间表来（如下表）。

2021 年 1 月						
星期日	星期一	星期二	星期三	星期四	星期五	星期六
					1	2
3	4	5	6	7	8	9
10	11	12	13	14	15	16
17	18	19	20	21	22	23
24	25	26	27	28	29	30
31						

- 首先，在时间表上标示出每个有重要考试的日子，例如月考、期中考、期末考。
- 接下来，把不同的科目用不同颜色的笔来表示，例如英语是绿色、数学是蓝色、物理是橙色等。

- 再接下来，按照孩子当下的确切情况，检视他实际需要加强学习的时间和强度。例如，他的数学一直都很好，考试前只需要利用 3 个小时来复习；他的英语是弱项，需要用至少 30 个小时来复习；他的物理和化学成绩中等，用 15 个小时复习即可等。
- 最后，在正常的学校学习进度之外，把实际需要加强复习的时间，从考试日子的前一天倒推，平均分配到每一天，并分别填入空格里。此外，如果需要，也请把需要复习的章节划成小段，一起填入空格里。

下一页的表只是示例，父母可以根据孩子实际的学习情况和可复习的时间做调整。

- 复习表填好后，用冰箱贴将其固定在冰箱的门上。
- 孩子每完成当天的学习任务，就用一支鲜艳的记号笔（让他自己选颜色）在当天的空格里画上一个大圆圈，以表示圆满完成任务。（我先提醒一下家长，绝对不可以在孩子画上大圆圈以后，还一直不放心地问："是不是真的复习了？是不是真的明白了？有没有骗我们？"如果你这样做，那就还不如不实行这个方法！）

2021 年 1 月（需要加强复习的科目及时间）						
星期日	星期一	星期二	星期三	星期四	星期五	星期六
					1	2
3	4	5	6	7	8	9
						·英语 1.5 小时
10	11	12	13	14	15	16
·英语 1.5 小时	·英语 1.5 小时	·英语 1.5 小时	·英语 1.5 小时	·物理 1 小时 ·英语 1.5 小时	·物理 1 小时 ·英语 1.5 小时	·物理 1 小时 ·英语 1.5 小时
17	18	19	20	21	22	23
·物理 1 小时 ·英语 1.5 小时	·物理 1 小时 ·英语 1.5 小时	·物理 1 小时 ·英语 1.5 小时	·物理 1.5 小时 ·英语 1.5 小时	·物理 1.5 小时 ·英语 1.5 小时	·物理 1.5 小时 ·英语 1.5 小时	·物理 1.5 小时 ·英语 1.5 小时
24	25	26	27	28	29	30
·物理 1.5 小时 ·英语 1.5 小时	·物理 1.5 小时 ·英语 1.5 小时	·数学 1 小时 ·物理 1.5 小时 ·英语 1.5 小时	·数学 1 小时 ·物理 1.5 小时 ·英语 1.5 小时	·数学 1 小时 ·物理 1.5 小时 ·英语 1.5 小时	期末考试	期末考试
31						

- 把复习表固定在全家人都可以看得见的冰箱门上，意味着全家人共同努力。所以，要温和而明确地告诉孩子，只要当天复习时遇到困难，就要立刻求援，父母可以想办法帮忙或找其他人帮忙。即使我们帮不上忙，也不要让孩子觉得自己孤军奋斗、孤立无援。
- 考试当天早上出门前，全家一起看着冰箱门上每一格都画上大圆圈的复习表时，父母要满怀爱心和信心地告诉孩子，我们知道他已经尽力了，所以不管他考得如何，我们都一如既往地支持他、爱他、相信他。

第二，把大学习目标切割成符合孩子实际能力的小台阶

学习成绩差的孩子最缺乏的就是成功的经验。如果他屡屡尝试却又屡屡失败，那么他很容易就会气馁地在自己的头上贴上“我是个失败者”的标签，而一旦贴上了这个标签，日后就要花费很大的功夫才能把它撕下来，所以我们一定要尽量不让孩子对自己有这样错误的认识。（是的，这当然是个错误的认识，谁说学习成绩不好的人，就是人生的失败者？很多读书时学习成绩不好的人，长大后却成就了一番伟业。）

所以，我们要陪着孩子一起制订一个合理而可行的计划，把通往目标的进程，按照实际的情况规划出若干个小台阶，每一个台阶都是他经过努力就可以踏上去的。我们在规划这些台阶时，孩子很有可能会因为想讨好我们而试图把台阶的高度提升，这时，我们不要质疑他，也不要生气，只要很温和地说：“我想这样不太合适，还是每次增加一点儿难度比较好，慢慢来。”不要说：“你别又在那里做梦了，到时候成绩发下来你还是不行！”

把通往目标的进程规划为小台阶的做法是这样的：

- 把目前孩子每个科目的考试成绩真实地写在一张 A4 大小白纸的左侧。每个科目一张。
- 实事求是地把每个科目在经过一定的努力之后，预期可以达到的成绩写在同一张纸的右侧。请一定要切实而合理地设定目标，千万不能孩子目前的成绩是 20 分，而你将他的目标成绩定为 100 分，这样只会增加孩子和我们自己的挫败感。
- 在目前实际的成绩和希望达到的成绩之间，画出三列表格，分别是近程、中程和远程三个区段。
- 在和孩子讨论之后，决定近程、中程、远程分别是哪几个日期。例如，三个星期后是期中考试，那么近程可以是期中考试的日期。中程可以是期末考试，而远程则可以是中考或高考。把决定好的日期写在每一条横线的右端。
- 和孩子讨论之后，根据实际情况，设定每个阶段的合理目标。例如近程 60 分，中程 70 分，远程 80 分。

- 首先将近程那条横线和目前实际分数之间分割成若干个小台阶。台阶数可以根据这中间的小考数或月考数来决定。然后在每个小台阶上写上目标分数。例如，现在的成绩是 48 分，从现在开始到期中考试之前一共还有 4 次考试，那么我们就在第一个小台阶上写上 51 分，第二个小台阶上写上 54 分，第三个小台阶上写上 57 分，第四个小台阶上写上 60 分。最后，在近程的目标分数上写上 60 分。
- 按照和近程目标相同的方法，分别规划出中程和远程的台阶数与分数。（案例可参见下表）

最需要进步的英语学科

目前成绩	近程目标	中程目标	远程目标	努力后的成绩
48 分	期中考日期： 目标：60 分以上 完成：— 第四次月考： 目标：60 分 完成：— 第三次月考： 目标：57 分 完成：— 第二次月考： 目标：54 分 完成：— 第一次月考： 目标：51 分 完成：—	期末考日期： 目标：70 分以上 完成：— 第八次月考： 目标：70 分 完成：— 第七次月考： 目标：68 分 完成：— 第六次月考： 目标：66 分 完成：— 第五次月考： 目标：63 分 完成：—	中考日期： 目标：75~80 分以上 完成：— 第二次模拟考： 目标：80 分 完成：— 第一次模拟考： 目标：78 分 完成：— 第十次月考： 目标：75 分 完成：— 第九次月考： 目标：72 分 完成：—	

每个科目的台阶规划完之后，可能会有以下几种情况发生：

- 也许，孩子在第一次考试时就达到了第三个台阶的目标分数。很好，这时家长可以鼓励他、夸奖他，让他享受超越自己的成功经验，但不要立刻改动台阶规划。原因是考试成绩难免会因题目的难易而有所浮动，我们不要给孩子营造不切实际的假象，让其在阶段目标提高之后，又尝到失败的滋味。如果孩子要求，我们可以说：“好呀，不过我们再试一次，下次考试之后，我们再来调整。”
- 也许孩子第一次就没达到阶段目标的分数。没关系，别生气，别骂他，也别气馁。同样，考试成绩难免会因题目的难易而有所浮动。别慌，再试一次或两次看看。如果真的不行，我们再做调整。
- 当孩子确实一步一步地登上台阶，哪怕他还是班上最后一名，我们仍然要骄傲地奖励他。当然奖励的内容可以根据家庭实际的情况而定，不过，发自内心的真诚赞美是一定要的。

好了，我知道现在一定有些父母坐不住了，焦急如焚地说:“哎呀！我的孩子还有几个月就要参加高考了，如果按照这样画小台阶，到高考的时候就来不及了！”可我不得不告诉你，就算我们不画小台阶，孩子也很难在几个月之内，一下子考出个高分上重点大学（当然也有这样的例子，不过毕竟是少数），那我们还不如帮助孩子建立起对自己的信任和对人生的积极态度，这样他才能拥有创造成功的人格特质和能力。

第三，帮助孩子学会掌握有更高“投资回报率”的学习方法

二八定律是商业法则之一，指我们把 80% 的资金、人力和精力投注在可能只占整体项目 20% 但具有高产值的经营项目上，这样做生意的投资回报率会提高很多，同时我们也不会让自己忙得团团转。

把这个商业法则运用到读书上，也是一样适用。孩子每天在家复习功课的时间有限，我们如果能帮助他把有限的时间做最有产值的运用，就可以在比较短的时间之内，看见有效的成果。这不仅对孩子的学习成绩有帮助，对恢复其自信心也大有用处。当然，我们不能真像商业管理那样把时间、精力与所做的项目划分成 80% 比 20% 如此悬殊的比例，但 60% 比 40%，甚至是 65% 比 35%，却是个可行的方法。

- 首先依照孩子最近 6 次考试成绩的平均值（不管是大考还是小考），按成绩高低在一张白纸上做个排序。
- 仔细研究每个学科的成绩波动起伏状况。按照起伏波动的程度，在另一张白纸上做由高至低的排序。例如，我们发现物理成绩总是很稳定地停留在 50 分左右，而数学成绩则在 55~85 分，忽上忽下。从这个结果我们就知道，孩子的数学进步的空间和潜能很大，比物理要容易追赶得多。
- 依照孩子个人的主观感受和客观事实，和孩子一起研究，哪个科目他学起来以及追赶起来更容易、更有自信一些。将不同科目列在另一张纸上，按照难易程度的高低排序列出。
- 把这三张纸放一起做个比较，得出以下问题的答案：如果花同等的时间和精力，“能抢分”的科目有哪些？“不失分”的科目又有哪些？例如，我们发现历史是他最喜欢也最拿手的科目，如果花同等的时间和精力去复习，他能轻易地多拿 15 分；但地理是他最烦的科目，如果花同等的时间和精力去复习，他最多只能多拿 2 分。
- 接下来，我们就根据这个结果，以及“能抢分”和“不失分”的原则，合理地分配不同科目复习的时间比例，以期将总分提高。

第四，勾勒美好远景，激发孩子的学习动力

这是我曾经对一个 16 岁念高一的男孩所使用的方法。这个当时身高已经有 183 厘米的大男孩是父母和师长眼中的麻烦制造者。他很聪明，在每次智力测验中都拿到很高的分数；他很擅长使用计算机，各种复杂难懂的软件程式到了他的手上都是小菜一碟；他偏科厉害，喜欢的科目能轻易地得到高分，但不喜欢的科目或不喜欢的老师所教的科目，他就不屑去学习；他是校园内的风云人物，因为他敢于冲撞老师，敢于在课堂上当面给老师难堪。他的父母为了他心力交瘁，除了担心他考不上大学，也担心浪费了他这么聪明的资质。

我在辅导他之前，先浏览了一遍国内外大学目前的科系情况，尤其关注有哪些科系特别需要计算机方面的特长生。当他坐在我面前的时候，我只字不提他在学校捣蛋和学业落后的事，而只是把这些事先搜索到的大学科系资料，拿出来和他一起讨论，同时把从这些大学科系毕业之后能从事的工作，也一并拿出来讨论。在讨论这些毕业后能从事的工作时，我重点强调了薪水和专业地位。

当他被高薪和专业地位深深地吸引住而明显睁大了眼睛之后，我又把进入这些大学科系需要的考试科目拿出来和他一起讨论，我们逐项检视这些科目，我也逐项云淡风轻地问他："你这门功课怎么样？"遇到他拿手的科目时，他很得意、很快速地回答："很好，我总拿高分！"我立刻就说："哎呀！那太好了！"然后用红笔在上面画个大圈。遇到他不擅长的科目时，他支支吾吾地说："这个差点儿……"我也立刻平静地回应："好，那我们就加强这门。"然后用细铅笔在上面轻轻地打个小钩。

在检视完所有需要考试的科目之后，我像发现新大陆一样，欢声地对他说："太好了！太好了！你知道吗，你只要再加强 4 个科目，在这两年之内把它们读到一个水平，然后用你擅长科目的分数来提高总分，你就能上最能发挥你在计算机方面特长的科系啦！"

现在这个男孩已经读完了研究生，在一个网游公司做程序员，由于设计的游戏特别受欢迎，早就坐领高薪。有一天他来看我，谈起自己有点儿错乱的高中生涯，笑着说："我以前都得背着爸妈偷偷地玩游戏，没想到现在却靠着游戏来赚钱。"

对学习成就比较低的孩子来说，他们最大的问题在于不相信自己能实现梦想，他们既不敢做梦，也不敢放眼未来。他们在屡次的挫折中，学会了只敢走一步算一步，所以未来对他们而言，只是个遥远而模糊的东西。

因此我们需要帮助他们找出一个可行的未来方案，就像我和这位 16 岁男孩的故事一样。

第一步，先让这个未来方案打动他。这部分可以根据孩子的实际情况来操作。

第二步，把执行这个方案的步骤拆解开，这样看起来才不会那么吓人、难度高和遥不可及。

第三步，和他一起检视，在这些拆解开的碎片中，哪些是他已经拥有的，哪些是他还要努力去获得的。

第四步，帮助他用前述几种方法努力学习，以获得那些还不具有的碎片。

第五步，陪伴他积累碎片，并且一直在旁边用“可行的未来方案”来激励他。

帮助孩子交朋友

每个孩子都有可能遇到艰难的人际交往时刻。这可能发生在校园里，可能发生在职场上，可能发生在恋爱关系中，也可能发生在与姻亲或邻里的相处上。对于这些因缘际会下遇到的人际困扰，如果一个人能完全避免，那是纯粹的幸运；如果能因事先做好预防工作而成熟地应对，那就是有智慧的幸福了。

有些孩子在学校里没有朋友，感觉孤独，更有甚者因为常年独来独往，受到校园霸凌。现今校园霸凌事件不仅有越来越多的趋势，霸凌的手段和情势也越来越激烈。霸凌发生的原因，不仅和孩子的成长环境有关，也和他的人际交往能力相关，而人际关系和社交能力又是孩子将来进入社会后一部分重要的竞争力。此外，如果孩子在学校里长期受到欺负，也会变得自卑、自暴自弃、配得感低落。

如同全世界的教育专家在分析霸凌原因时所说的，除了一些客观的环境因素，那些容易遭到霸凌的孩子，大体上都还有一些共同的特征，例如敏感害羞、安静内向或身体瘦弱。因此，家长如果能在孩子进入学校这个微型社会之初，帮助孩子学会适应社会，拥有处理人际关系的能力，就能降低孩子被霸凌的可能性。而且，这些预防性的训练即使不是为了避免被霸凌而进行，也会是孩子将来步入社会后，有智慧地处理人际关系的资产。

陪伴孩子一步一步地学会交朋友

根据教育心理学家的统计，“没有朋友”是孩子在学校里遭受肢体霸凌的首要原因（其实，在复杂而竞争激烈的办公室政治中，害羞、孤独的成年人也会遭遇“霸凌”）。

那些出于不健康的心理原因而欺负同学的人，在挑选下手的对象时，一定不敢挑战势均力敌的对手，因此，总是独自一人，去哪儿都落单的内向、害羞的孩子，就成为他们最想欺负的软柿子。

所以，家长要一步一步、循序渐进地帮助孩子学会交朋友，让孩子在学校里拥有能够一起读书、课间一起在操场上玩游戏或者踢球的好朋友，这是孩子最重要的“群众武装”之一。

这里提供给家长帮助孩子交朋友的两个步骤。

第一步，作为小主人，先为聚会做好计划

由于奶奶在小学里担任教务主任，所以我儿子 5 岁时就提前在奶奶任教的学校上了小学一年级。一年后，我们把 6 岁多的他接回台北，让他转学进了台北一所颇负盛名的私立小学读二年级。在广阔的乡下自由奔跑惯了的儿子，又黑又胖，嗓门也大，普通话也带着土土的乡下口音，在那些斯斯文文、白白净净、城里长大的同学中，显得格格不入。有一天儿子放学回来很难过地告诉我，新学校的同学跟他玩的东西不一样，所以课间休息时都不喜欢跟他在一起，今天他甚至还被一个同学向老师告状，说他爱说粗话。

我当时听了非常心疼，也立刻知道要尽快帮助他渡过这个难关。于是在当天晚餐的桌上就拉着他爸爸和他一起开了一个家庭会议。会议中我们决定要让儿子作为小主人，由他来举办一个聚会，并由他来决定该请哪些小朋友。那次的聚会办得很成功，儿子也慢慢地恢复成那个爱耍宝说笑、很有自信的小孩。

自从那次聚会之后，我们每年都会在他生日前的周末或在暑假期间选一个周末，训练他做小主人，由他自己请小朋友到家里来玩（我随后会再和受邀小朋友的家长联系，得到他们的同意并安排接送事宜）。不怕大家笑话，我当时倒不是怕他被霸凌，而是为了培养他的领导能力。我的努力后来确实收到了成效，他从小学三年级开始当选为班长，刚升上小学五年级就已经是带领全校上下学列队的总指挥，还竞选过台北市的学生小市长。

对孩子进行交朋友的训练，要从第一步“计划活动”开始。父母可以事先准备好下文提到的几张表格，但要谨记的是，只能从旁协助和提供意见，因为填写内容和思考答案都需要孩子自己来做。另外，这些表格看起来也许繁杂琐碎，但对孩子来说却是很重要的，因为有些在我们看来既简单又轻而易举的事，对孩子来说恰恰是最容易引发恐惧和最难开始的事，所以父母一定要有足够的耐心，不仅不能焦急、不耐烦地催促，还要在一旁鼓励孩子和夸奖孩子做得好的部分。

另外，填写这些表格对孩子的教养也有以下几方面的好处：

一是获得掌控感。掌控感是内向、害羞的孩子在人群中感到手足无措时，首先被剥夺的正向情绪，而且这种积极的情绪是他日后进入职场时一定会用到的。我们通过训练（决定什么时间举行、谁能来、怎么邀请、玩些什么……），让他感受到并且知道自己是个“可以做决定”和“有掌控力”的人。

二是获得成就感。孩子在父母的帮助下一步一步完成了拆解开来的筹备工作后，就会发现主动交朋友并没有想象中那么可怕、那么困难。如果再加上之后成功地举办了聚会，那么一次次叠加的成就感，就是他跨出舒适圈的勇气，也是他手中握着的那把能打开良好人际交往局面的金钥匙。

三是学会了做计划。先抛开孩子交朋友的能力不谈，对于任何一个学生，懂得做计划都会对他制订学习计划和准备考试有很大帮助。回到对孩子交朋友的训练上，做计划是一种理性的、有逻辑性的左脑思维方式，孩子能通过表格和细目，把思绪从情绪纷杂的右脑拉回到情绪可控的左脑，这对被想象中的恐惧绑架、制约的胆小的孩子来说，是一个非常重要且关键的认知行为训练方法。

四是能骄傲、开心地和父母一起完成整个筹备计划并执行它。这是一种很有用的亲子互动方式，能帮助父母在快乐的氛围中，释放双方的压力，并不动声色地了解孩子的内心世界和他正在经历的真实感受。

我们需要准备的几张表格和细目如下所示。

【我的生日聚会】第一张计划表

事项	主题	日期和时间	优点	缺点
一	我想在哪一天举办聚会？	1.		
		2.		
		3.		
结论				

【我的生日聚会】第二张计划表

事项	主题	地点	优点	缺点
二	聚会的 举办地点			
结论				

我再提醒一下，填写上面这两张表格的主要负责人是孩子，不是家长，所以每一种可能的优点和缺点，都需要由孩子来思考并做出决定。家长只能从旁提供参考意见。

如果孩子提出的想法幼稚、好笑，请不要质疑他，只要是合理可行的，就帮助他去实现。如果真的是不合理或者实行起来有难度，就请就事论事地提出来，让孩子重新思考。孩子也需要学会面对挑战并想出解决的方法。

【我的生日聚会 】第三张计划表

事项	主题	为什么想邀请这位同学？因为我喜欢他哪些地方？	
三	我想邀请哪些 同学？	1.	1. 2. 3.
		2.	1. 2. 3.
		3.	1. 2. 3.
		……	1. 2. 3.
结论			

上表是整个训练计划中最重要的一张表格。我们必须要求孩子写出关于“为什么想邀请这位同学？因为我喜欢他哪些地方？”的三个理由，因为这个训练最主要的目的就是让家长真正地了解孩子在人际关系上的困难之处。所以他对择友的价值观（例如，学习好、体育好、得到老师的喜欢、个子高、长得漂亮等），以及容易受到哪些特质的吸引（例如，很友善、会借上课笔记给他、愿意帮助别人、很勇敢等），都代表了他所向往的东西。同时，也很有可能是他自认为缺乏的东西，所以家长在日后就能从这些方面来培养、纠正和帮助他认识自己的潜能。

【我的生日聚会】第四张计划表

事项	主题	邀请方式	如何执行
四	我该怎么邀请他们？	1. 在教室里直接口头邀请	1. 什么时候告诉他们？ 2. 我该怎么说？
		2. 写邀请卡，然后交给他们	1. 该写些什么内容？ 2. 什么时候交给他们？
		3. 放学时，妈妈陪我一起邀请他们	1. 什么时候？ 2. 妈妈愿意吗？该怎么配合我？
		4. 妈妈帮我的忙，向同学们的妈妈提出邀请	1. 什么时候？ 2. 妈妈愿意吗？该怎么配合我？
		……	
结论			

对本来就不会交朋友的孩子来说，让他在学校独自邀请同学，可能会是一件非常困难的事。所以父母虽然心里预期了

第一个和第二个选项，但需要理解的是，对孩子来说，这不是第一次举办聚会就能做到的事。所以我的建议是，先引导孩子自己绘制卡片或和家长一起去购买卡片，由他自己构思和书写文字内容，然后在家长的陪同或协助下，送出卡片。请记得，我们的温柔理解和坚定支持，是整个训练是否能成功的关键。

【我的生日聚会】第五张计划表

事项	当天的活动内容	需要事先准备好的东西	由谁来负责准备
五	1.		
	2.		
	3.		
	4.		
	……		

在现实条件允许的情况下，请家里的长辈们都参与进来。例如，妈妈（奶奶或姥姥）负责订蛋糕、爸爸（爷爷或姥爷）负责给气球充气等。有一句西方谚语说："养一个孩子需要全村的力量。"（It takes a village to raise a child.）这句谚语并不是说整个村子的人都要来给孩子喂奶、洗澡，而是说，孩子在成长的过程中，需要有一个坚固的支持系统。

在农业社会时，这个支持系统很庞大，有各个家庭成员参与，孩子知道磕伤了能去找谁，肚子饿了能去哪儿蹭饭。这个支持系统是他的安全网，也是他勇敢闯荡世界的资本。但是到了现代社会，这个支持系统的体量变小了，产生的能量自然也相对弱了一些，所以在大环境已然发生本质变化的今天，我们更是要让体量变小的支持系统良好运作，发挥它应有的支撑和保护功能。

另外，对于当天的活动内容，家长必须从旁引导（建议）孩子设计几个同学们能一起玩的团体游戏，例如三人一组比赛玩益智积木，分成两队比赛玩“你演我猜”，两队排排站玩“传声筒”游戏等。总之，不能让小朋友散漫地自由活动，以及一起坐在电视前看动画片或自行配对玩拼图，否则害羞的孩子又会回到旁观的状态，那我们就无法让他学会参与和掌控情势。

【我的生日聚会】第六张检讨表

事项	需要检讨的主题	我做得很好的部分	下次我可以再进步的地方
六	1.		
	2.		
	3.		
	4.		
结论	我的开心指数为（1–10 选一个）：		

注：请留意，这张检讨表是孩子的自检表，而不是家长的问责表。请遵守“鼓励大于苛责，享受大于检讨”的原则，让孩子自己填写完成。

最后，我们都知道计划一个大型活动需要很长的筹划时间，需要考虑很多因素，所以请家长尽量耐心并给出足够的时间来陪伴孩子、参与讨论。这些表格不需要在一个下午或一天之内完成，家长可以把它们当作有趣的、连续的亲子互动内容。今天我们付出的时间和精力，不仅能为孩子规避掉当时可能存在的危险，还能为他的将来储备更多的能力和资源。

第二步，聚会当天，让孩子学习掌控局势

这个提醒其实是对妈妈们说的。我自己也是个母亲，非常明白让一个母亲在一旁看着一群孩子疯得差点儿把可乐打翻在沙发上，沾着蛋糕、奶油、糖霜的小手把茶几弄得黏糊糊的，地板上到处散落着随时能让人踩着滑倒的蜡笔，而不出手干预，是多么需要克制和定力的一件事。

但是再怎么困难，我们也得说服自己，这是训练孩子学会独立和掌控局势的一个步骤，也是锻炼生来就谨小慎微的孩子其自信心和能力最需要的一步。我们如果在旁边不断地提醒、阻止，或者哪怕只是默默地在一旁跟着擦桌子、收拾地面，都会让孩子感到背后拴着一条绳子，这条绳子是一个无形的牵制，是在他每一次想探出头、伸出脚，勇敢地探索时，父母就生怕他跌倒而把他拽回来的力量。这个力量美其名曰为保护，实则是一种不信任的制约。

如果我们真的怕这群孩子把家里弄得天翻地覆，可以试着引导孩子选择到户外去举办活动，找一个宽敞、不会太打扰到别人，又不需要事后费力打扫的场所，放手让孩子们尽情地玩，我们只要在一旁注意他们的安全，聚会结束时负责把他们交到各自家长的手上或安全地把他们送回家就行了。

在孩子们玩游戏的过程中，如果家长发现自己的孩子又习惯性地独自坐在旁边观看时，千万不要走过去鼓励甚至催促他说：“你去跟小朋友一起玩啊！”也不要拉着某个小朋友说：“你跟他一起玩吧！”“你要带着他一起玩。”我们要有技巧地用“大家来吃蛋糕咯”“哇！看看这是什么”来中断孩子总是坐在一旁的惯性行为，并且很自然地把他拉回到人群的中心。几次之后，这种让人孤独的惯性行为强度就会慢慢地减弱，孩子和其他小朋友一起相处所感受到的快乐会逐渐取代孤独。

我知道这个训练看起来容易，实际上却有可能需要几次或几十次的反复练习。但我们要相信，每次看似成效不大的练习，都是我们在正确路径上铺设的一块地砖，而且这些美丽的地砖一定会慢慢地、悄悄地自行复制。最后在不经意之间，孩子就长成了自信、快乐的样子！

当然，父母虽然不插手和干预孩子们的互动，但并不表示完全没有事做。我们一定要借着一些机会，例如端果汁、分点心、吃饭、帮忙拿出游戏道具的时候，甚至是需要大人也参与游戏的时候，在一旁仔细、安静地观察孩子在和同龄玩伴互动时，所表现出来的行为模式——是容易退让不敢争取，是对自己没有信心所以很快地放弃，是一遇到挫折就马上被激怒，是一直在试图讨好别人，还是总喜欢带头要求别人都听他的？

这些观察结果，很可能和我们在日常生活中与孩子相处时所得到的经验是不一样的。在我的治疗室里，常听见家长跟我说："他平常在家里很爱说话、很活泼开朗，怎么到了学校就完全变了一个样子了呢？是不是故意和我作对，不想上学？"

事实上，很多在学校因为交不到朋友落单而被霸凌的孩子，都有一个共同特征，那就是他们和大人相处比和同龄人相处更愉快自在，因为和大人相处时没有因竞争关系而产生的压力，也没有随之而来的沮丧与挫折感。所以，我们不能仅以孩子在家中的表现就断定他在同辈团体中没有人际交往的困难。我们通过观察发现孩子实际上人际交往困难的原因后，就能规划出具体的方案来帮助他。

永远不要对孩子失望

网络上"别人家的孩子"的段子看似诙谐有趣，但很多时候确实反映了家长的真实心情。身为父母，我们当然无条件地爱自己的孩子，但有时真的很难克制住对孩子的缺点感到失望和焦虑。我们既希望他健康快乐地成长，又衷心地期望他有成功光明的前程，在两种拉锯的心情下，我们开心地享受为人父母的幸福，也经历着各种忧心和沮丧。

就像我在前面的章节中不断强调的，每个孩子都拥有自己的特质。有的孩子活泼外向、勇于尝试，有的孩子安静内向、谋定而后动，这些都是与生俱来的，和遗传基因、胚胎在母体中的成长环境，以及婴儿时期的养育环境有关。这些并不是孩子自己的选择，也不是孩子在故意逆反或顽皮捣蛋，最重要的是，天性既没有好坏之分，也和优秀与否无关。所以，父母给予孩子最好的礼物，就是通过理解来找到最适合的、孩子最需要的养育方法，因为唯有真正地理解了，我们才不会在教养孩子的过程中因为挫折而动怒，也才能在掌握了孩子的人格特质后因材施教。

另外，不管是哪种人格特质的孩子，对父母的情绪反应都非常敏感。孩子能从父母的神情、肢体动作、身体的温度，以及家庭成员的互动氛围中，感受到父母对他的认可或失望。这些情绪的隐喻，要比语言更具有威力，也更能影响孩子对自我的看法和是否相信自己的能力。所以，在训练孩子能保护自己之前，我们一定要以身作则，让孩子从我们身上看见一个情绪稳定和成熟的成年人是怎么直面问题和处理问题的。同时，也要让孩子充分感受到我们对他的信任、欣赏、支持和无条件的爱，因为这才是帮助孩子交朋友、避免被霸凌最好的内在力量。

协助孩子拥有可以把头埋进去的健康沙堆

很多父母以孩子不能浪费太多时间在一些与考试无关的事情上为由，禁止孩子参加可以让他放松心情、疏解压力的活动，例如学校组织的各种课外活动，孩子从小就喜欢的才艺项目，阅读和考试科目无关的课外书籍，和同学一起出游等。

我高中时把头埋进沙堆用以逃避现实挫败的地方，就是浩瀚的课外书海。这个健康的沙堆，允许我把在学校课业上的挫败压力释放出来，也允许我借着它的力量疗伤，更允许我在它安全的羽翼下重新认识自己的能力。事实上，每一个人，不管是未成年人还是成年人，都需要有一个这样的地方来发泄情绪。有的成年人迷恋酒精、烟不离手……这和青少年沉迷于电脑和电子游戏一样，他们都在试图为自己的焦虑找到一个可以释放的出口。

如果我们禁止孩子拥有这些健康的沙堆，堵住他释放情绪的排放口，那么他就只好在网络中寻求慰藉，在游戏的激战中寻找刺激和快意，这并不利于其成长。对学习成就低的孩子来说，宣泄情绪的通道更是重要，也更是导致他迷途难返的诱因。所以我建议父母们，尤其是孩子在学习上比较困难的父母们，一定要允许并帮助孩子拥有一个或多个足以放松身心的健康的课外空间，好让孩子在需要的时候，能有个随时可以躲得进去的地方。

当然，除了那些课外的健康沙堆，我们自己也要努力地成为孩子可以释放情绪的出口之一。在为青少年做心理治疗的专业生涯中，我见过许多孩子在接受精神科药物治疗后，他们的父母在治疗室里对着已麻木漠然的孩子哭喊着说："孩子，妈妈不逼你学习了，没有关系，只要你健康就好。"现在，让我们在孩子还健康快乐的时候，就实现这个心愿吧！

理解孩子的六种消极应对方式

从心理学教科书的名词解释来看，所谓自卑感，就是一个人在主观地把自己和他人做比较，或者和自己的理想相比较时，觉得自己低劣不如别人的心理感受。

客观地说，每个人都有自卑感，只是程度不同而已。自卑感既有建设性的价值，也有破坏性的摧毁作用，关键是看我们怎么去面对它。它可以帮助我们认识到自己的不足，让人懂得谦卑，虚心学习，不怨天尤人，不把注意力只放在自己的缺点和劣势上。这样的人相信天生我才必有用，因此努力地发挥与生俱来的优势，克服自己的缺点，最后成为健康快乐的人。相反，自卑感破坏性的一面则会让人失去自信心，觉得自己没有价值，贬抑自己的配得感。当紧盯着自己的缺点和劣势时，孩子就难免在自怨自艾的情绪里过日子，甚至一事无成。

许多学习成绩不好和注意力集中困难的孩子，在现今竞争如此激烈的教育环境下，无可避免地有了自卑的问题，父母如果能注意到这些迹象并提供帮助，对孩子的日后发展来说是非常重要的。那么，父母怎样才能发现孩子正处于自卑或低自尊的心理状态中呢？

自卑与自信的表现和程度因人而异。例如，一个考试成绩在班上总是排在倒数的孩子，每天早上走进教室时，就是他感到最自卑、最抬不起头来的时候，但如果他的体能很好，投篮技术高超，那么上体育课时就是他最有自信的时候。所以，当他面对“注定会失败”的情境时，自卑感就会成为主导一切的情绪，而当他面对游刃有余的情境时，自信就会成为主导一切的情绪。可惜的是，在大环境对学习成绩和体育成绩约定俗成的价值观下，这个可怜的孩子感觉自卑的时间更多！

一个小学二年级就被诊断出有学习困难和注意力集中问题的孩子，在接受我的绘画治疗时，在整张画纸上画满了连绵起伏的山脉，正中央则是一座黑乎乎的大山。这个非常沮丧、对未来几乎不抱希望的孩子，还写了一首诗来描述自己的心情：

上学一直是，现在仍然是，我非常害怕的事情
上学就像爬上一座巨大的山，有陡峭的悬崖和锯齿状湿滑的岩石
这座山非常灰，总是被黑暗阴冷的云覆盖
我的任务是要攀登这座大山
每一步都是与强烈咆哮的寒风战斗
风夹杂着寒冷的雨，拍打着我的身体，试图把我推下去
我一直在奋力前进
有时我被击倒，有时我不得不停下来恢复体力
我的身体已经冷得麻木了
我爬上山腰，双手像树叶一样颤抖
由于无法睁开眼睛，我盲目地爬上了陡峭的悬崖
我停下来，因为我非常痛苦
我抬头一看，发现我的战斗还没有开始
但我已经不想继续下去了

有些孩子能像这样直接表达自己的自卑、悲伤和抑郁的感觉，但有些孩子则不然。许多有学习困难的年轻人认为，他们的错误和失败是因为一些与生俱来的原因，例如智商太低、自卑、内向，这些是无法改变的。当相信无论自己做什么都不会成功时，孩子就会发展出心理学家马丁·塞利格曼所说的

习得性无助——他们基本上看不到隧道尽头的光，如果有的话，视野中也满是持续失败的画面。

这些孩子当然不想继续失败，也不想一直面对羞辱，所以他们唯一的办法是寻找适合自己的应对方式来避免进一步感到羞耻与挫败。孩子们常用的应对方式有如下六种。

放弃。刚开始可能兴致勃勃或下定决心去努力，但过了一阵子遇到困难后，就找各种理由要求不再参与或放弃。例如，因为不喜欢教数学的家教老师，所以怎么也不肯再学；因为老板鼠目寸光，对公司的未来没有远见，所以无法再和他共事……因各种理由而放弃的例子在生活中屡见不鲜，而这也是为什么我在第六章里建议父母们用爬台阶的方式，一点一点帮助孩子获得成功的经验。

逃避。逃避看起来和放弃有点儿相似，但二者还是有本质上的区别。孩子在放弃或退出时，其实已经去做了，只是当任务开始变得艰巨，失败感增强时，才选择了放弃。逃避则是孩子在第一时间就拒绝参与，根本不给自己任何尝试和努力的机会。很多学习成绩不好的孩子会表现出这种行为，除了不想学习，他们也不想跟同学出去玩，不愿意参加任何活动，拒绝跟团体在一起，因为他们坚信，和别人在一起会让自己难堪，所以干脆不给他人任何羞辱自己的机会。

滑稽。有些孩子会在人群中故意表现得像傻瓜或小丑一样，试图用一些滑稽可笑的动作来掩饰自己的缺乏自信。每当他们感受到来自同辈团体或周围环境的压力时，就用这些小丑般的行为来合理化自己“一定会发生”的失败。他们让自己相信，反正自己就是个负责逗人发笑的小丑，所以失败了也正常。

掌控。许多低自尊、低自信的孩子，尤其是青少年，认为自己的前途黯淡，也认为自己无法掌控生活和未来，所以试图用指挥或控制别人，尤其是比他们弱小（包括体格、家庭经济状况、父母的社会地位等）的孩子，来合理化自己内心深处的无助感。他们会变得很霸道，例如总是坚持让同学玩自己想玩的游戏，伙同一群追随他们的伙伴来霸凌同学。他们沉迷于掌控或欺凌别人的快感之中，不断地找到一些替罪羔羊来补偿自己的无助和恐惧。

否定。即成年人常出现的“吃不到葡萄说葡萄酸”心理。很多学业成就低的孩子会有自己的一大套把父母气得够呛的歪理，如学历无用论、比尔·盖茨也没有大学毕业证书……他们建构了一套能躲在里面喘息和自我安慰的价值观，用“不认同”“不值得去努力”“寻求自我”来掩盖自己的挫败。坦率地说，很多特立独行，甚至有反社会人格倾向的成年人，也都有相同的不健康心理。

强迫心理和强迫行为。这是最让人担心的反应。虽然强迫心理和一个人的器质特征有关，但长期处在焦虑情绪中的孩子，也会因为这种持续性的压力而产生或强化这种心理和行为。例如，许多有学习困难的孩子都会想要尽快写完作业，于是会在遇到困难时强迫自己“一定要写完这一行”，后来渐渐变成“一定要先写完英语作业”，最后就变成“一定要先拉开左边的抽屉”。他们借由这种可控的、一成不变的行为模式，来弥补内心深处不可控的焦虑、挫败感、不安全感，以及最重要的——那种即将溺水的强烈恐惧感。

消除孩子的自卑感：寻找最会做的事

这是父母帮助孩子认识自己的价值、建立自信的方法，我们不需要疾言厉色地说教，只要很真诚、很轻松地去做就行了。

在某个全家人都放松在家的周末早晨，准备一张颜色漂亮的全开大海报纸，颜色的选择要以孩子喜欢的为主，这一点通常妈妈是最了解的。在这张全开大海报纸上画上如下表格：

	我认为大强最擅长做的事	请说明理由
我（大强）		
爸爸		
妈妈		
（如果有）兄弟姐妹		

请全家人各自找到一个能独自思考的角落，先在白纸上写出自己的答案。答案一定要符合实际，可以不止一个，但不要夸大，也不要为赞美而赞美。另外，给出的理由一定要具体，一定要能充分说明并支持所给出的答案。思考和填写的时间要很充裕，过程也要很严肃，不能嬉皮笑脸或故意偷看别人写的内容。

还有，请注意我的标题是“我认为大强最擅长做的事”，而不是“我认为大强的优点”。对看不见自己的优点和长期贬抑自己的孩子来说，寻找会做的事具有更积极的意义。因为它们更具体，更能用行动去精益求精，所以不是要写“善良”“孝顺”“愿意帮助别人”这一类的品质，而是要写像“很会画图”“跑得很快”“很会玩乐高”“数学很棒”“字写得很漂亮”这一类孩子具体会做的事。（我就常跟儿子说，你很会用自己像英语播音员那样磁性又动听的英文发声追女朋友。而事实上，他老婆的确就是在同学会的人群中听见他的声音而多看了他一眼！）

当所有人都写完答案后，大家围坐在一起，决定爸爸、妈妈、兄弟姐妹的陈述顺序，最后才是大强本人陈述自己的答案。

- 如果别人的答案和你（妈妈或爸爸）写的一样，就把这个会做的事在海报上用一个夸张的符号标注出来，表示这是被大家认同的事实。

- 如果别人的答案和你写的不一样，可以在别人陈述完之后，加上自己的意见，真实地说出你的想法。例如，“哇！要不是爸爸这么说，我还真的没发现大强那么会做……太好了，今天妈妈又知道宝贝的一个很棒的本事了！”
- 请认真面对别人所陈述的答案，可以提出问题，但绝对不能轻蔑地质疑或嘲笑，尤其是当孩子自己进行陈述时。

最后，大家依序把答案仔细、认真地写在或画在属于自己的格子里，再把这张完成后的漂亮大海报贴在客厅的墙上，让每个人都能看见。这一方面可以鼓励孩子，另一方面也提醒每个填写答案的人都不要忘记（尤其是容易忘记的父母）。

为了公平起见，也为了避免体现出此地无银三百两的明显企图，我们可以帮家里的每个人都做一张这样的大海报，不让孩子觉得这是故意或只针对他的游戏。而且，我们也确实需要让家里的每个人都能看见别人会做的事，也让大家知道别人眼中的自己是一个多么棒的人！

一两个月后，可以再找一个周末重新做一次相同的游戏，看看是否需要再添加新的内容。我确信，孩子一定能从这些发现中，重新认识和悦纳自己，并健康地建构自己的价值。

第七章

寓教于乐——孩子的心灵教育

国外有关父母教养方式对孩子社会能力发展的研究以美国心理学家戴安娜·鲍姆林德针对学龄前和学龄期孩童的研究最为著名。她把父母的教养方式定义为四种：忽视型、放纵型、专断型和权威型。她用两个向度，即“照顾、养育孩子的程度”和“控制孩子的程度”之间的比例，来区分不同的类型。

- 忽视型父母：倾向于低养育和低控制；
- 放纵型父母：倾向于高养育和低控制；
- 专断型父母：倾向于低养育和高控制；
- 权威型父母：则是高养育和适当的控制。

鲍姆林德发现，权威型的教养策略最容易帮助儿童早期社会能力的发展。

所谓高养育是指父母与孩子之间有亲密互动，会关心孩子的感觉和需求，尊重孩子的观点，对孩子的成就感到自豪，并且在孩子有压力时给予支持和鼓励。所以，孩子能够与父母有较正向的亲子关系，会回报爱给父母，享受和父母相处的时间。因此在孩子最关键的儿童期间，父母的影响力会明显的增加。另外，为了讨父母的喜欢，孩子也会努力达到父母的要求。

权威型父母懂得融合适度的控制在养育中，为孩子设立行为标准，而且重要的是让孩子了解遵守这些标准的必要性，并对这些要求做出合理的解释，所以即使父母不在身边，孩子也会留意和检查自己的行为，当孩子做得好时，父母也会鼓励、赞美和奖赏孩子。

上面的描述是养育孩子最好的境界，其实大多数父母都已经做到或正在努力地去做。我在这里特别想从权威型养育的基础点上，再引申出几个父母能在孩子学龄前和学龄期时为孩子做的心灵教育，寓教于乐，让亲子共处的时光变得更有趣、更丰富，也更有价值。

打开孩子的想象力之门

每个人都知道培养孩子的想象力是多么重要的一件事，儿童发展专家也一致认为想象力丰富的孩子更快乐、更机敏，能更好地应对生活中不可避免的挫折，也更有可能成长为一个适应力强、有安全感的成年人。

成为一个有想象力和创造力的人，并不一定意味着你是一个有艺术天分的画家或雕塑家，而是指你有能力以新的角度、不同的视野来看待事物，找到其他人可能错过的解决问题的方法。而这种解决问题的能力和创新的思维，正是成为一个优秀的领导者最需要的素质之一。

不过，《唤醒孩子的天赋》（*Awakening Your Child's Natural Genius*）一书的作者托马斯·阿姆斯特朗在书里坦率地说："我的经验是，当你向父母介绍激发孩子想象力这个概念时，他们一定会支持。但是，当稍微深入地探究后，你就会发现家长和老师在面对希望在学校里为想象力分配多少时间时，又是另一种截然不同的态度。"

激发孩子想象力的四个基本功

既然学校留给孩子激发想象力的时间有限，那么父母们可以如何在家里利用周末的亲子时光激发孩子的想象力呢？首先要掌握四个基本功。

说故事。说故事可能是一切想象力的发展基石，也是自人类产生文明开始人们就会做的事。讲故事的方法有很多，重要的是享受亲子间的亲密时光。我们可以共读绘本，可以拿着毛绒玩具讲故事，可以任凭想象力驰骋来天马行空地编故事。总之，讲故事是最不需要金钱成本就能达到最大效益的方法。

艺术创作。颜料、画笔、模型、雕塑……这些经由手指的触觉体验，是激发想象力的重要途径。在艺术创作的过程中，让孩子自由地发挥是最重要的原则，例如不要强迫孩子一定要把纸上的黄点变成一个太阳，或者海洋就必须是蓝色的。

从大自然中取材。让孩子接触大自然，从大自然中取材，这能自然而然地激发孩子的想象力。而且大自然中有取之不尽的玩具，例如海滩上的沙子和贝壳、森林里的树叶和球果，都能让孩子发现创作的无限可能。

培养内在的空间感。一位美国田野教育专家说："现在周围正在发生的是，我们没有把孩子变成创造者，我们正在把他们变成消费者！"想要激发孩子的想象力，就需要给孩子足够的内心空间，让孩子创造自己的画面和视野，而不是从电脑或手机上学习那些别人的眼睛里看见的东西。

激发想象力的游戏

一旦掌握了上述基本方法，父母们就可以试试下面这八个有趣的活动。当然，想象力游戏绝对不仅仅有这八种，请按照自己的想象力尽情发挥。

非木偶扮演的木偶戏。请孩子从家里四处收集各种各样的家居用品：鞋盒、纸杯、爸爸不再使用的小手电筒、妈妈以前吹的口琴、一副已经坏掉的自行车钥匙……任何我们能想到的不锋利或不易碎的安全物件都可以。请孩子用这些物件作为“木偶”，演一台自编自导的木偶戏。我保证你会对孩子创造出的故事和人物大感惊讶。

好笑的照片。从抽屉里找出一些没人会怀念的旧照片，例如那些闭着眼睛或头发被风吹得乱七八糟的照片，请孩子依照自己的想法，把它们剪成各种各样的碎片。然后用胶水、图画纸和马克笔，把这些来自不同照片里的脸和身体部位，重新组合成一个新的人，或者创作一幅想象的图画。对于小一点儿的孩子，我们可以选择一个主题背景，例如外太空或中世纪城堡，然后请他在这个背景上创造出自己的图像。

自然界的故事。和孩子一起去附近的公园里散步，带一个纸袋，试着跟孩子一起去收集十种以上自然界的东西，而且每一种数量都不要超过一个，例如一片叶子、一个小石头、一抔泥土……回到家之后，请孩子从纸袋里一个接一个地把它们拿出来，每拿出一个，就赋予它一个新的生命或意义，例如给它取个名字、给它不同的身份……最后，再用这些东西编出一个跟大自然有关的故事。如果孩子还太小，妈妈或爸爸可以先示范做一遍，或者是帮助孩子一起做，等下次再出门探险后，就请他自己独立来完成编故事的工作。

接力造物。参加游戏的每个人都先在一张空白的纸上画上一个想象的生物（包含人）的头和脖子（画的时候不要让旁边的人看到哦）。在每个人都画完之后，把画好的头的部分折起来盖住，只露出脖子，然后把这张纸传给左边的人。每个人拿到右边传来的纸，依据自己的想象，在脖子下方继续画上手臂和其他身体上半部分。完成后，每个“艺术家”再次折叠画纸，盖住画好的部分，只留下身体的下半部分，然后把它再传给左边的人。每个人拿到右边传来的纸之后，再顺着身体的下半部分画上腿、让这个生物穿上裙子或裤子。当所有人都完成后，打开折叠的部分，看看大家共同创造了哪些好玩的怪物。

这个游戏参与的人越多越好，可以在爷爷奶奶、姥爷姥姥、表哥堂妹都聚在家里的时候，或者是请小朋友们来家里开生日会时，大家一起开心地玩。

艺术的故事。带孩子去美术馆、博物馆或当地的小画廊，先站在展览室的中间，请孩子从目光所及之处选择最喜欢哪幅画或哪件艺术作品。然后让孩子走近它，仔细地观察。请孩子讲一个他在这幅画或这件艺术作品里看到的故事，不用考虑他的故事是否和这件艺术品相关，只要是他自己看见的故事就行。接着找到另一幅画或另一件艺术作品，再请孩子创造一个故事。最后，请他把这两个故事串联起来，成为一个新的故事。如果孩子有兴趣，这个故事链可以一直往上增加。或者，带孩子走到隔壁的展室，重新开始一轮艺术的故事。

无刷作画。每人都知道怎么用画笔画画，但一旦没有了画笔或毛刷，该怎么作画呢？请孩子在家里或周围找一些可以用的，但不是刷子的东西。例如，一小段绳子、零碎的海绵、断了的铅笔、橡皮筋、切成两半的苹果、准备丢掉的毛绒玩具或娃娃，或是他的一双小手。在一张全开的白色海报纸下，先铺上一些旧报纸或不再使用的床单、大毛巾来保护桌面或地面，在几个小碗里倒上各种容易冲洗掉的水性颜料，看看孩子能用这些不是刷子的工具，创作出什么样的作品来。网上可以买到专供人体彩绘的颜料，很安全，容易冲洗，也没有毒性。我儿子还没上小学前，我在浴缸边放了十几种不同颜色的人体彩绘颜料，每天洗澡前让他光着身子自由作画，他全身涂满颜料、玩得不亦乐乎，等他尽兴后我再把他拎进浴缸里冲洗。这是他很喜欢的游戏，所以喊他进浴室洗澡一点儿都不困难。

改造太阳系。天文知识一直是孩子们喜欢的领域，我们也能把它变成想象力的训练。目前国外对太阳系八大行星所使用的名称都来自古代，而且都和西方神话故事有关。父母可以先在网上下载或买一张完整且清晰的太阳系行星图，花点儿时间告诉孩子行星的名字和故事的来源，如果可能，再说一说这些行星间彼此的关系（所以父母得先做些功课）。然后，请孩子思考一下，为这些行星重新命名，并且告诉我们为什么要取这些名字，最后让孩子再为这一个新的太阳系编一个故事。

隐藏的故事。请孩子花 15 分钟，在家里四处寻找三件他以前没有注意到或没怎么留意过的东西。请留意，这些东西必须是从客厅、餐厅或厨房里找到，而不是他自己的卧室。时间到了，请他一一为大家介绍引起他兴趣的三样东西。之后，父母说说关于这件东西的故事，例如，它是从哪里买来的，是谁送的，什么时候买的以及家里为什么还保存着它等。父母在对这三样东西介绍完之后，请孩子用文字或画图，把这三样东西联系在一起，编一个新的故事。请相信我，这是一个超级温馨美好的游戏，父母能重温曾经美好的时光，孩子也能从这些物件背后的故事中，感受到家庭成员和其他亲友之间温暖的爱。

正念养育：滋养积极和愉悦的心灵

正念这个概念最初源于佛教的禅修，是从坐禅、冥想、参悟等发展而来的。因为它对人们的心理问题具有很好的疏导作用，所以现代心理学中，正念发展成了一种系统的心理疗法，即正念疗法。最近几年，因为越来越多的孩子出现了注意力不集中或脾气暴躁的问题，所以一些教育专家开始倡导父母对孩子进行正念养育，帮助孩子更好地控制自己的情绪和行为。

其实，不用家长或老师特别地教导，孩子们本身就具有正念思考最重要的两个基本素质：高度的好奇心和开放的心。这是他们探访这个世界与生俱来的能力，只不过有时会被大人压制下去而已。所以，父母作为孩子正念养育的老师，需要做的就是增强这个本来就存在于孩子身体里的能力，同时帮助孩子在成长过程中，利用这个能力应对任何可能出现的挑战。

正念养育是一个轻松愉快的过程，不需要拘泥于规则，也不用弄得特别严肃和学术，它旨在引导孩子用更灵敏和愉悦的感知，去触碰、激发、悦纳自己内心的能量，以及用积极乐观的态度去面对这个世界。

正念养育对孩子的好处

通过与孩子分享正念，我们能清晰地认识到自己对孩子的期望是否务实，能直觉地感受到什么才是孩子真正能达到的，以及如何去实践和支持他，这些对一直处在焦虑中的父母是非常有帮助的。

研究表明，正念养育能帮助孩子：

- 增加注意力和专注力
- 主动地规范自己，也就是自律
- 保持心理健康
- 增强亲社会行为
- 协助认知发展
- 增加同理心，学会用多角度看问题

正念养育的方法

严格来说，孩子学习正念的方法和我们成年人学习的方式并没有太大的不同。但对孩子进行正念养育的优点是，孩子的大脑远远没有成年人的那么复杂，一些习惯和信念也不是那么根深蒂固，所以孩子比成年人更容易接受新鲜事物，在学习的过程中也会因为好玩而喜欢去练习。所以，我们的挑战只是如何选择适合孩子年龄的正念游戏，以及如何让它变得更好玩而已。选择游戏有以下几个基本要领。

第一，从基础开始。引导孩子进行正念或冥想练习时，方式一定要简单易行。用最简单的语言来解释它，同时通过提问的方式了解孩子是否明白，然后再继续进行下一步。

第二，把期望放在另一个房间。刚开始教孩子正念思考时，我们所取得的进度可能完全不可预测。不管孩子对练习的反应和表现是什么，请一定保持开放的态度。

第三，弹性和丰富性。孩子和大人一样，都有个停不下来的脑子，但毕竟成年人能控制自己，可以让自己的思绪冷静下来，所以和孩子一起练习时，乐趣和丰富性是同等重要的。例如，在周末早晨带着孩子做10分钟的正念冥想时，融入各种不同的练习，如腹式呼吸练习、身体意识、引导意象，甚至是温和的运动，让孩子不觉得枯燥乏味而难以坚持。

第四，多使用比喻和隐喻。相较于成年人，正念练习对孩子来说更能唤起生动的想象。利用这一点很重要，因为它可以帮助孩子保持兴趣和专注。例如，引导腹式呼吸练习时，我们可以请他想象自己正在给肚子里的气球充气。

有趣的正念练习活动

正念饮食游戏。和孩子一起探索的一个很好的练习就是用心进食。选一小块孩子喜欢的食物，例如一小块巧克力、一块饼干或一瓣橙子，请孩子用他所有的感官去探索它整整一分钟：

- 看看它漂亮的颜色和形状
- 慢慢地咬一小口，注意它在嘴里的感觉

- 慢慢地把它移动到胃里
- 我们和孩子各自分享刚才的经验

泰迪熊呼吸。练习正念腹式呼吸时，请孩子和我们一起平躺在床上或地上，把一个泰迪熊或孩子最喜欢的毛绒玩具放在他的肚子上。当他跟着我们的引导练习深呼吸时，看看他肚子上的泰迪熊是不是也会跟着一起动。我们可以带入“自己正在给肚子里的气球充气”或“躺在肚子上的毛绒玩具正在起伏的大海上舒服地做日光浴”，用这样的想象来增加孩子的乐趣和对这个练习的理解。

用心地散步。和孩子在附近的公园散步时，用 5 分钟练习完全不说话，这时父母和孩子都去注意一些之前没注意过的东西，闻闻周围的气味，专注在听见的声音上。试着发现公园小路上的风景，听听夏天的鸟鸣、人们说话的声音，哪怕是远处广场舞的音乐声。接着，找一处阴凉安静的地方，坐下来喝点儿水，吃点零食，一起分享刚才的经历。

心灵瓶子。买一个孩子自己挑选的雪花球，把它重新命名为“心灵瓶子”。和孩子一起先仔细观察，当我们用力地摇晃这个心灵瓶子时，里面刮起的那一阵暴风雪。然后，一起安静地坐着，深呼吸，专注地看着里面四处飞舞的雪花慢慢落下，一直到最后一片雪花完全静落下来。这个时候，我们的大脑和心绪也会跟着完全地安静下来。

心情天气。《正念养育》一书的作者艾琳·斯奈儿建议家长鼓励孩子“把现在的感觉用播报气象的方式描述出来”。

问问孩子，此刻他的心情是晴天、下雨、暴风雨、刮台风，还是剧烈的海啸，这个练习让孩子能观察自己当下的状态，而不会压抑或过度地产生情绪。斯奈儿写道：“外在的天气无法改变，我们很难避开自己的情绪或感受，但我们能改变的是如何去面对情绪。孩子能够分辨：我现在不是在下暴雨，但我注意到窗外有雨；我不是胆小鬼，但我知道有时候会有很深的恐惧冒出来。”

彩绘孩子的心灵世界

面对幼童，专业的儿童心理治疗师最大的困难是没法让他们表达自己的情绪。也许是因为词汇量不够，也许是因为害怕被处罚，总之，我们发现让孩子“说出心里的话”是一件非常不容易的事。

遇到这种情况时，我们不会强迫孩子说话，而是让他自由地选择坐在治疗室里的某一个舒服的彩色小板凳上，从至少有 48 种颜色的彩笔中选出自己最喜欢的颜色，画一幅由我们指定主题的画，例如我的家、大树、公园、学校等。然后从孩子的图画内容、构图和所选择的颜色，来判断他隐藏在内心的情绪是什么。

绘出孩子的隐藏情绪

画画是一个非常好的、完全没有攻击性的沟通方法，有很多孩子的绘画作品令我记忆犹新。例如，有一个 5 岁的孩子，他的妈妈工作异常忙碌，经常一个月只能和孩子见一次。由于总是用头去撞墙，孩子被医生转而介绍到我的治疗室来。我请她画了一幅“我的家”，结果在孩子的图画中，妈妈只是个轮廓不清晰的背影，而且周身的颜色都是表达愤怒的大红色。

另一个单亲家庭中，6 岁孩子画的妈妈上半身穿着粉红色蝴蝶结衣领的衣服，戴着珍珠项链，大眼睛上的睫毛清晰可见，但是下半身却穿着脏兮兮的、好像随意画上去的土黄色及膝短裤，和上半身的漂亮女性形象完全不协调。原来，妈妈对他来说，是身兼父亲与母亲责任的双重角色，而他对爸爸的陌生情绪，则用随意粗糙的笔触和代表抵触情绪的颜色来表达。

还有一幅让人触目惊心的作品。一个刚上小学一年级的男孩，因为把客厅鱼缸里的鱼全都捞出来摔在地上，被忍无可忍的父母带到了我的治疗室来。我请他画大树，结果他把一张 A4 尺寸的白纸全涂成黑色，而且用笔的力度之深，直透纸背。经过几次的谈话和绘画治疗之后，我才知道他从幼儿园大班开始，就一直被一个长得高高壮壮的男孩霸凌，而且不幸的是，他们又上了同一个小学，被分在了同一个班级！

看到这里，你也许会问：“知道了孩子的内心世界之后，接下来该怎么帮助孩子呢？”这就是色彩最美好的地方了。我们既可以用色彩来探知孩子的内心世界，也可以让孩子用适当的色彩来达到宣泄和平衡的目的。而且，最棒的是每个孩子都不会抗拒拿起一支彩笔在纸上涂鸦的本能冲动，所以我们可以在孩子非常自然、没有戒心的情况下，深入他的意识，用色彩的能量来帮助、治愈他。

当然，色彩能量不仅仅能运用在情绪或行为心理治疗上，也能通过不同的实行方法（例如，食物的颜色、衣服的颜色、水杯的颜色、文具的颜色……）来帮助孩子激发潜能，调动积极的情绪，促进生理上的健康成长，开发智力和理解力等。所以色彩能量疗法也受到教育心理学专家和儿童行为治疗专家一致的推崇，被认为是最容易实行的有效方法——不仅对老师来说在教室里容易实行，父母在家里也容易实行。我常对父母们说，反正我们都要为孩子准备吃穿用品，既然不需要多花钱，为什么不稍微用点儿心，选择正确的颜色来达到一箭双雕的目的呢？

对于色彩的神奇功能，我其实也有个人的真实体会。儿子在台湾念完小学五年级之后，就到英国的寄宿学校上初中一年级。由于英国的冬天又湿又冷，从小就鼻子过敏的他常常感冒咳嗽，甚至因鼻窦炎发作而低烧。寒假回来时他告诉我，他每次不舒服，学校的胖胖护士就会把他带到医务室里，让他用毛巾蒙着头吸滴了尤加利树精油的蒸汽，同时对着他的胸腔照射一种蓝色的光。我问儿子："胖胖护士给你吃药吗？"儿子说，从来不，因为每次吸完蒸汽、照完蓝光，他就好多了！

根据我个人的了解，这就是英国寄宿学校里标准的护理方式——用不具侵略性但又有效的方法激发孩子的自身免疫力和抵抗力。我很感激那位护士如此细心地照顾我的儿子，而且对研究芳香疗法和色彩能量疗法的我来说，她的护理方式也为我长期以来的研究提供了最有力的案例和佐证。

如何用色彩来帮助孩子

孩子的世界本来就充满了美好的色彩，他们既是纯净无邪的白纸，又是手握画笔的天才艺术家；他们既毫无保留地表达自己对色彩的喜好，也完全信任地接收养育者给他们的色彩暗示。如果孩子喜欢某一个颜色，通常意味着他在这个发展阶段属于那个颜色的人格特质，或是生存本能在提醒他需要那个颜色的能量来平衡。所以，我们只需要细心地观察孩子对颜色的喜好，从孩子最常用的画笔颜色、最喜欢的物件颜色、最爱吃的食物颜色等找出可能对应的、需要被强化或削弱的情绪和行为，然后结合日常生活中的色彩应用去帮助他就行了。

每一种色彩都有它特定的波长、频率和振动方式，能和身体里某一个器官的频率共振，也能和大脑中某一种思绪的频率共鸣。对正在挣扎着去学习、完成每个阶段成长目标的孩子来说，色彩是让其能毫无障碍地、能在不怕被大人责骂的心理之下，去表达身心情绪的帮手。害怕了，就加一点儿黑色来述说；生气了，就用鲜艳的大红色来宣泄。孩子不知道自己为什么会选择这些颜色，只知道“我想用，就用了”，而且最棒的是，画完了，心情也就好多了！

所以，即便孩子没有用色彩能量来调整身心的需求，我们也要从食物中、从穿着的衣物上、从居住的生活环境里，提供丰富的色彩能量资源，让孩子自由地汲取、自由地酝酿、自由地启动一直都储存在身体里的自我疗愈能量，这才是我们能赠予孩子最好的礼物。

虽然我在前面说明了如何用色彩能量来解决孩子的情绪问题，但那并不表示孩子会一直陷在某种情绪中走出不来，也不代表只有有情绪问题的孩子才需要色彩能量的帮助。事实上，色彩能量除了有调节情绪和缓解某些生理不适的作用，在日常生活中也可以被用来激发孩子的潜能、培养孩子的良好情绪和增进身体健康。

在进行色彩的选择时，有两种方式。一种是环境色，顾名思义，就是家里大面积的颜色，例如孩子卧室和书房的墙壁颜色、地面颜色、窗帘颜色等。环境色是“空间的表情”，它能为空间赋予最适合各年龄段孩子在心理和生理上的成长能量。另一种是疗愈色，相较于环境色这种不可能随时更改的颜色，疗愈色则是能随时根据需求而变换的颜色，例如床单、枕套、被套、抱枕、灯罩、衣物、食物等。疗愈色是个人空间，用时髦的话说，是孩子小宇宙的色彩能量，它的任务是帮助孩子平衡当下的情绪需求或生理需求，一旦这个需求的能量被调适平衡了，这个色彩也就可以功成身退了。

不同年龄段最适合的养育色彩

不同年龄段最适合的养育色彩

	环境色	疗愈色
0~12个月婴儿	**白色和小部分的淡红色** 白色集合了7种颜色的色彩能量，是激发潜能、提供婴儿身心发展所有可能性的最好的颜色。白色也是没有偏见、没有评价的色彩，可以让孩子在绝对的信任中成长。 把初生婴儿周围的环境营造成一种淡淡的红色，可以是卧室的窗帘、婴儿床上的一块淡红色毛毯、婴儿床头上的红色挂件、奶瓶上的红色盖子……这些都能使宝宝睡得更为安宁，因为当他感觉自己处于一个犹如胎儿在母体内的红色环境时，那种熟悉的安全感，能让他放松和安静下来。	**紫色** 紫色属于大脑的颜色，大脑是婴儿在妈妈肚子里首先发育的生理部位。因此，紫色光是疗愈所有新生婴儿生理问题的最佳选择。

续表

	环境色	疗愈色
1~3 岁幼儿	**白色和符合性别的颜色，如粉蓝色和粉红色** 孩子大约从 18 个月开始就发展出辨识性别的能力，因此在这个性别认同的关键时期。对男孩来说，最好的环境色是混合了白色的粉蓝色或浅蓝色。女孩的性别认同颜色则是粉红色或浅红色。 但是，在衣服的穿着上，根据许多权威研究机构的色彩心理专家的建议，对儿童来说，粉红色是最有力量的颜色，因为它对应了生殖系统，是力量的源泉，所以建议小男孩要多穿粉红色，以增强肌肉张力，而小女孩要多穿粉蓝色，因为粉蓝色是天空的颜色，寓意了智慧和爱，对小女孩长大之后的情绪和心智有非常好的帮助。	根据孩子的生理或情绪需求选择色彩。不过，要留意的是，3 岁之前孩子的左脑能力还未开发完成，主管情绪和图像的右脑是接收外界刺激的主要窗口，因此幼儿的直觉反应敏锐，对能量的刺激反应也很敏锐，我们在选择疗愈的色彩能量时，不要同一时间给太多。例如，有了疗愈色的床单，就不要再给他疗愈色的被套；准备了疗愈色的能量水，就不要吃太多疗愈色的食物等。
3~6 岁学龄前儿童	**淡淡的苹果绿或浅绿色** 浅绿色拥有开阔的、积极的、愉悦的、向上的生命能量，毫无疑问是 3 岁以上儿童的卧室最好的墙面颜色。3 岁以后，孩子已准备好接受社会化的训练，已经知道“群”和“我”之间的关系，也具备了人际交往的基本能力，所以拥有积极生命能量的浅绿色，能帮助孩子很好地进行社会化启蒙教育，培养关于健康的人际关系的认知能力。	根据孩子的生理或情绪需求选择色彩。这个年龄段儿童的左脑开发正在加速追赶右脑，与此同时，每天在幼儿园里的学习也在不断地刺激左脑的发育，所以在面对色彩能量的刺激时，他们会比 3 岁以下的幼儿“理性”一些。也就是说，左脑在发现能量刺激太多时，会主动关闭右脑对外界刺激地全盘接收。此外，对 3 岁以上儿童而言，他的世界逐渐扩大，人际交往中产生的情绪也逐渐复杂，因此需要相对增强的能量帮助。所以，在实行疗愈色能量方法时，使用的项目可以稍微多一些。

续表

	环境色	疗愈色
6~12 岁 学龄 儿童	**浅绿色和淡黄色** 浅绿色：最好的卧室墙面颜色，原因同上。 淡黄色：进入小学之后，课业内容和幼儿园已完全不同，孩子对聪慧的需求也越来越强烈，而且年级越高，就越需要理解力、创造力和抽象思维的运用能力。因此，如果孩子有自己单独的书房，黄色会是书房墙面最适合颜色。如果孩子的书房就在自己的卧室或客厅的一角，那么书桌上黄色的台灯灯罩、椅子上的黄色靠枕，或者哪怕只是墙上的一幅以黄色为主调的鲜艳油画，也都能带来阳光中黄色的能量。	根据孩子的生理或情绪需求选择色彩。不仅可以根据年龄而增加项目，选用的色彩的饱和度也可以更浓郁、更强烈。

需要提醒的是，色彩心理和年龄有关。年龄的增长，不仅影响了生理的结构，也同时影响了心理的认知结构。根据色彩心理学的实验研究发现，对色彩的喜好程度会随着年龄的不同而有极明显的差异。例如，大部分婴儿喜爱鲜艳而单纯的红色和黄色；4~9 岁的儿童最喜欢红色和绿色；7~15 岁男生喜好的色彩依序是绿、红、靛青、黄、白、黑；7~15 岁女生喜好的则依序是绿、红、白、靛青、黄、黑。此外，随着年龄的增长，繁复的色彩逐渐受到重视，孩子对颜色明度和饱和度的偏好也都有所变化。

所以，在为孩子选择家居装修和织品的颜色时，除了要考虑能量的需求，采纳孩子的意见也很重要。例如，如果卧室墙面的壁纸是我们已经决定的浅绿色，那么上面的图案就可以由孩子来决定；如果书房的墙面已经选了淡黄色的涂料，那么灯罩和挂画就可以由孩子来挑选……毕竟，只有在自己喜欢的色彩氛围中，身心的调适能量才能更好地被发挥出来。

如果孩子不止有一个身心问题需要解决，那么就需要家长排好这几个问题的主次关系、因果关系或优先顺序关系，因为运用色彩能量进行疗愈时，最好一次只解决一个问题，例如：

- **问题：**

  近视，看不见黑板 → 没抄到黑板上写的明天要交的作业 → 第二天被老师当众责骂 → 羞愧、害怕 → 不想再去上学 → 发烧（所以就可以不去上学了）

- **在这个例子里，家长要做的事：**

  1. 赶紧去找眼科医师配眼镜；
  2. 提供橙色的能量来恢复孩子的自尊和安全感；
  3. 在配眼镜和让孩子恢复愿意上学所需的安全感和自尊之前，让孩子先喝一些妈妈自己准备的蓝莓牛奶来退烧。蓝色能量除了退烧，还能安抚孩子当时焦躁不安的情绪，只有焦躁不安的负面情绪被安抚好了，他才能再次产生自信的正面积极情绪。

每一种颜色所代表的性格特质

父母不仅可以根据下表所描述的内容，对照孩子平常最喜欢的颜色来了解孩子可能的性格特质，也可以根据这些颜色代表的性格特征，来平衡、强化或减弱孩子的某些特质。

不同颜色代表的性格特质

颜色	代表的性格特质
红色	· 没有耐心 · 个性外向，喜欢交朋友 · 脾气坏，不开心时会有攻击性 · 好动，注意力集中时间短 · 胆子大，喜欢做一些冒险的事 · 意志力坚强，不容易妥协 · 竞争心强 · 睡觉比较轻，容易醒，睡眠时间比同龄的孩子少 · 食欲好，吃饭快 · 说话速度快，脱口而出 · 爱流汗，脸发红 · 感冒时很容易发烧
橙色	· 自我感觉良好，很有自信 · 社交能力强，很容易交朋友，喜欢带小朋友回家玩 · 热心助人，很有同情心 · 单纯天真，喜欢逗乐搞笑 · 食欲好 · 能干，愿意帮忙做事 · 兴趣广泛，什么都想尝试 · 独立性强 · 喜欢各种运动 · 感冒时容易有支气管炎、肺炎、气喘 · 容易吃坏肚子、拉肚子、便秘、放屁、打嗝

续表

颜色	代表的性格特质
黄色	·聪明，反应快 ·记忆力好，理解力强，是天生的学霸 ·乐观，会自我解嘲，给自己找台阶下 ·开朗外向，但因为兴趣广泛，也有注意力易分散的倾向 ·过度自信是最大的缺点 ·好奇心很强，喜欢探索未知 ·很有想象力，但不会天马行空，而会很实际 ·食欲不太好，吃东西比较费劲 ·感冒时不想吃东西，容易恶心、想吐和胃疼
绿色	·不喜欢冲突，是同龄孩子之间的和事佬，也是家里的和事佬 ·善于察言观色，能安静的独处，不吵闹 ·合群、愿意分享、不霸道 ·听话懂事，有礼貌（因为不喜欢发生冲突） ·因为不喜欢冲突，所以有不争取自己的权益和轻易退让的缺点 ·不需要大人一直在旁边盯着学习，自律、自觉 ·有服务的意愿和意识，在学校或家里都会主动帮忙做事 ·有同情心，喜欢小动物和小花小草 ·不喜欢夸张的表达，所以常常身体已经很不舒服了，才让大人知道 ·感冒时容易气喘
蓝色	·口头表达能力强，口齿清晰 ·喜欢阅读 ·犹豫不决，比较难做决定 ·做了决定之后，容易后悔和难过 ·善于察言观色，很听话，不容易被处罚（因为胆小） ·容易有不安全感，怕各种有毛毛的小昆虫，尤其怕黑 ·容易疲倦，不喜欢待在户外，也不喜欢运动 ·怕脏，爱干净，总是小心翼翼的 ·体质较弱，容易感冒，尤其怕冷怕湿 ·感冒时容易喉咙发炎

续表

颜色	代表的性格特质
靛青色	·很有想象力，会编故事、讲故事 ·思维很有逻辑性 ·爱漂亮，不管是男孩或女孩，都有对美的鉴赏力 ·有自己的主观判断，喜欢评价和挑剔（对人或对事） ·喜欢安静，能自己一个人玩很久 ·不喜欢在人群中待着，不太会交朋友 ·不喜欢同龄玩伴，喜欢和比自己年纪大的小朋友在一起 ·喜欢听大人说话 ·感冒时容易有鼻窦炎、鼻塞、鼻炎 ·容易有眼睛发炎、耳炎、耳痛、口腔溃疡的小毛病
紫色	·先天下之忧而忧的孩子，容易产生忧虑（担心大人的健康、家里的经济情况等） ·思维缜密，拥有不符合年龄的早熟 ·有艺术天分和很好的表现能力 ·强烈的不安全感，尤其需要大人的陪伴和爱的确认 ·特别听话，尤其服从权威 ·不爱说话，不喜欢沟通，会压抑自己的感受 ·爱哭（因为过分担忧） ·竞争性强，不太会处理遇到挫折的情境和情绪 ·有些强迫的行为表现，例如玩具必须摆整齐、画笔必须按颜色摆放，一切都要按照既定的规则来做 ·不太出汗，不喜欢晒太阳，体温偏低 ·容易有湿疹和皮肤过敏

如何运用色彩来帮助孩子解决问题

运用色彩来帮助孩子时，可以从几个方向来思考：

削弱色：想要弱化、减轻、消除身心和情绪问题，使用的色彩应为该性格色彩的对比色（又叫作补色）。例如红色和绿色、橙色和蓝色、黄色和紫色，彼此是对比色。如果想要削弱某个负面的性格特征或某种负面情绪，就可以用相应的对比色来平衡、中和，进而削弱负面的能量。

增强色：想要强化、鼓励某种积极情绪和行为，所使用的色彩是相应情绪特征所代表的颜色。例如，红色对应意志力坚强、橙色对应充满自信、黄色对应聪明并勤于学习、绿色对应听话有礼貌、蓝色对应口齿清晰且表达力强、靛青色对应有良好的逻辑思维能力、紫色对应思维缜密和孝顺父母。

平衡色：用以维持健康的身心和情绪。一旦孩子的某种负面情绪或消极行为得到了改善和解决，我们就可以停止集中使用某一个较单一的色彩。取而代之的是为孩子提供各种色彩能量的可能，例如各种颜色丰富的健康食物、衣服、用品等。当然，平衡色也包含了孩子自己喜欢的颜色，因为出于自我保护的本能，每个人喜欢的颜色通常也是其所需要的颜色能量，就像是老人常说的“你想吃什么，就说明你身体需要什么”。

结语

享受和孩子相处的时光

对于孩子，我有一段“名言”：妈妈对孩子的有效管辖权，只有短短的6年。由于我只有一个儿子，所以我确信6年的有效管辖权是符合实际情况的。至于有宝贝女儿的父母们，恭喜你们，我相信这个管辖权的年限会长一点儿，但请相信我，虽然会长一些，但也长不到哪里去。

孩子从会开始说话到念幼儿园期间，什么都是“我妈妈说”，任何人和妈妈说的不同，都以妈妈说的为准；进了幼儿园大班和小学后，就开始变成“我老师说”，只要妈妈说的话和老师说的话不同，一律以老师说的为准；进入小学高年级和初高中以后，话风就开始变成“我同学说”，此时的孩子在乎是否被同辈团体接纳和认同的，从对人生的认识到对偶像的崇拜，再到对时尚的追求，一切的价值观都以同辈团体说的为准；等进入大学有了女朋友或结婚之后，话术就是斩钉截铁的一句“我老婆（老公）说”了。

所以，你说父母的有效管辖年限是不是只有短短的6年？那么，既然孩子用全然的信任、全然的崇拜来仰赖我们的时光只有短短几年，我们是不是更应该好好地利用它？这既是为了孩子，也是为了我们老后能有可资回味的美好记忆。

虽然我写了好几本关于亲子教育的书，也是个所谓的儿童心理方面的专业人士，但这并不代表我在儿子小时就没有犯过任何错。我曾经在办公室里忙得昏天黑地时，对着不断在我耳边喊着“妈妈，妈妈”的儿子，严厉地说：“不要再叫了！不要让我再看到你！”也曾经在家庭聚会中，对兴奋到忘乎所以、把几个寿司一起塞进嘴里的儿子，严厉地说：“你没有吃过饭吗？都吐出来！”

所幸对这些让我现在想起来都会愧疚不已的画面，善良的儿子好像都不记得了。但他的忘记并不代表我没有做错，也不代表我是个完美的母亲。我和天下所有的母亲一样，会在孩子晚上不睡觉还哭个不停的时候，想把他再塞回到肚子里去；也会在工作了一天之后，疲惫而不耐烦地想把他丢到外婆家，好让自己耳根清净几天。但这些烦躁、低落的情绪又会在瞬间被他熟睡后像天使一般的脸庞给扫除干净，让我的胸腔里溢满了爱，身体里重新灌进为母则强的能量。

所以，我的为母之路，一路走来，跌宕起伏，坎坎坷坷，而我在尝试错误中，一直修正和前进。

如今，我那个曾经黑黑胖胖的儿子早已长大，我们之间的角色也从原来的照顾者和被照顾者、保护者和被保护者，渐渐地对调了过来。成熟的他开始关注我和他爸爸的身体健康，会叮嘱我们要留意补充营养素和做例行健康检查，也会在给我们买电子产品时，先花时间和精力帮我们下载必需的软件、设置复杂的程序。37 年后的今天以及更远的今后，我和先生从曾经的照顾者，变成了那个享受被照顾和被保护的人，而这 30 多年的光阴真的仿佛是在眨眼之间，如梭般地飞逝。

所以，趁着孩子还没有展翅高飞的这几年，好好地享受和孩子在一起的时光吧。因为孩子一旦长大，一旦羽翼丰满，就再也不可能围着你，在你脚边不断地喊“妈妈，妈妈”了。